착하게 살다 지친 당신에게

주님의 진짜 사랑을 맛보았다,
사랑을 다시 쓰다

# 착하게 살다
# 지친
# 당신에게

안
세
진

규장

아들이 쓴 책을 읽는 시간은 제게 참 특별한 경험이었습니다. 질문이 많던 아이였고, 때로는 아버지의 기준이 버거웠을지도 모를 그 소년이 이제는 자신의 상처를 통과해 사랑을 말하는 목회자가 되었습니다. 아버지로서 저는 그의 고민과 성장의 시간을 가까이에서 지켜보았습니다.

이 책은 한 목회자 이야기에 머무르지 않습니다. 어쩌면 '사랑해야 한다, 착하게 살아야 한다'는 의무감에 지쳐 정작 복음의 기쁨을 잃어버린 수많은 이들의 이야기일지도 모릅니다.

저자는 사랑을 단순한 감정이 아니라 복음의 본질이라고 말합니다. "하나님은 사랑이시라"(요일 4:16)라는 고백이 우리 삶과 교회 안에서 어떻게 실제가 되는지 묻습니다. 정죄가 앞서고 기준이 사랑을 대신하는 시대 속에서 그는 자신의 삶을 통과한 질문을 조용히 던집니다.

"우리는 정말 사랑하고 있는가?"

이 책은 상처를 통과해 은혜를 발견하고, 율법적 의무를 넘어 복음의 중심으로 돌아가는 여정을 담담하게 담아낸 고백입니다. 교회를 향한 아픔을 숨기지 않으면서도, 동시에 교회를 향한 소망을 놓지 않는 성숙한 시선이 이 책을 관통하고 있습니다. 지금 우리는 교회를 향한 여러 비판과 실망의 목소리를 듣는 시대를 살아가고 있습니다. 그 중심에는 종종 '사랑의 부재'라는 아픔이 놓여 있습니다. 이 책은 그 현실을 외면하지 않습니다. 그리고 조용히 말합니다. 사랑이 회복된다면, 교회는 다시 사람을 살리는 공동체가 될 수 있다고.

목회 선배로서 복음의 본질을 붙들기 위해 씨름하는 그의 태도를 귀하게 여깁니다. 한 사람의 성도로서 이 책이 누군가에게 신앙을 다시 정돈하고, 상처를 사명으로 바꾸는 용기를 얻는 계기가 되기를 소망합니다. 책을 먼저 읽고 감동 받은 독자로서 이 책을 진심을 담아 기쁘게 추천합니다.

안희묵 목사 | 멀티꿈의교회 대표목사

컴패션을 통해 만난 많은 어린이들은 성장하며 한 가지 공통된 고백을 합니다. "선생님들을 통해 예수님의 사랑을 경험했어요."

그리고 그 어린이들 가운데 많은 이들이 훗날 다시 자신이 자라난 빈민가로 돌아가, 누군가에게 그 사랑을 전하는 책임 있는 어른이 됩니다. 저는 그 모습을 보며 한 가지 분명한 사실을 늘 확인합니다. 결국 사람을 변화시키는 것은 사랑이라는 것입니다. 그리고 우리가 거저 받은 그 사랑을 성경은 은혜라고 부릅니다.

안세진 목사의《착하게 살다 지친 당신에게》는 바로 그 복음의 중심, 사랑과 은혜의 이야기를 우리에게 다시 들려줍니다. 저자는 자신의 솔직한 신앙의 여정을 통해, 착하게 살려고 애쓰고 그 기준에 따라 판단하는 율법과 정죄가 아니라, 하나님께서 먼저 우리에게 베푸신 사랑이 어떻게 사람의 삶을 새롭게 하는지를 따뜻하게 전합니다.

이 책을 읽다 보면 우리가 신앙의 길에서 때로 잊어버렸던 하나님의 첫사랑을 다시 떠올리게 됩니다. 그리고 그 사랑이 우리 안에 머무는 것이 아니라, 다른 사람에게 흘러가야 할 복음의 삶임을 깨닫게 됩니다. 하나님의 사랑을 다시 기억하고, 그 사랑을 삶으로 전하고 싶은 모든 분들께 이 책을 기쁜 마음으로 추천합니다.

서정인 목사 | 한국컴패션 대표


우리는 종종 착하게 살려고 애쓰다가 지칩니다. 선을 행하려 애쓰지만 마음은 점점 메마르고, 사람을 사랑하려 할수록 오히려 상처만 깊어지는 순간을 경험합니다. 그때 우리의 영혼은 묻습니다.

"왜 나는 사랑하려고 할수록 더 지치는 것일까?"

안세진 목사의 책 《착하게 살다 지친 당신에게》는 바로 그 질문에서 시작됩니다. 이 책은 정답을 강요하는 책이 아니라 독자의 마음 곁에 조용히 앉아 함께 길을 찾는 책입니다. 저자는 자신의 신앙 여정 속에서 겪은 갈등과 질문을 정직하게 나누며 한 가지 중요한 진리를 발견합니다. 신앙의 중심은 규칙이 아니라 사랑이라는 사실입니다.

저자는 지성과 감성과 영성을 겸비한 사역자입니다. 지금은 어린 이들을 섬기는 컴패션 사역을 통해 하나님의 사랑을 삶으로 전하고 있습니다. 그의 글에는 하나님을 사랑하는 사람만이 전할 수 있는 따뜻한 온기가 흐릅니다.

이 책을 읽다 보면 우리는 깨닫게 됩니다. 우리를 지치게 하는 것은 사랑이 아니라 사랑을 잃어버린 신앙이라는 사실을 말입니다. 사랑이 사라진 자리에는 규칙이 남고, 은혜가 사라진 자리에는 부담이 남습니다. 그러나 하나님의 사랑을 다시 발견하는 순간 신앙은 의무가 아니라 기쁨이 됩니다.

착하게 살다 지친 분들에게 이 책을 권합니다. 신앙이 짐처럼 느껴지는 분들에게도 권합니다. 이 책은 사랑하려다 지친 영혼을 다시 사랑으로 살게 하는 따뜻한 복음의 책입니다.

강준민 목사 | LA 새생명비전교회 담임목사

누구나 사랑을 말할 수는 있지만, 삶으로 그 사랑을 살아내기는 참 어렵습니다. 더욱이 신앙이라는 이름으로 사랑보다 규칙이 먼저 주어졌던 이들에게, 사랑은 때로 오래도록 경계해야 할 단어가 되기도 합니다. 이 책은 바로 그 경계의 자리에서 시작합니다.

저자는 목회자의 아들로 자라며 율법주의 신앙의 틀 속에서 받은 상처를 외면하거나 미화하지 않습니다. 대신 그 상처가 어떻게 한 사람의 믿음과 관계를 경직되게 만들었는지 정직하게 드러냅니다. 그래서 이 책은 처음부터 사랑을 이야기하는 대신, 착하게 살아야 한다는 강박 속에서 사랑을 잃어버렸던 자리를 다시 바라보며 시작합니다.

그러나 저자는 결코 상처를 기록하는 데서 멈추지 않습니다. 하나님의 사랑 앞에서 자신이 얼마나 방향을 잘못 잡고 있었는지를 깨닫습니다. 사랑은 감정이 아니라 길이고, 의도가 아니라 방식이며, 선한 마음만으로는 도달할 수 없는 기술이자 분별임을 익혀 갑니다. 경계를 세우는 사랑, 용서로 이어지는 사랑, 심고 나누는 사랑을 말할 때, 그가 말하는 사랑은 느슨한 관용이 아니라 사람을 살리는 생명의 규칙입니다.

무엇보다 이 책이 귀한 이유는 저자의 고백이 삶의 방향을 바꾸는 자리까지 나아가기 때문입니다. 그는 회복을 그저 상태가 나아지는 것으로 정의하지 않습니다. 하나님의 사랑으로 다시 살아난 사람은 결국 그 사랑을 나누고 흘려보내는 사명자로 부름받습니다. 복지 사역의 현장에서, 또 컴패션과 교회의 목사로서 사람과 공동체가 하나님의 사랑으로 회복되기를 꿈꾸는 저자의 삶이 그 증거입니다.

교회가 사랑을 말하면서도 사랑을 전하지는 못한다는 모순 앞에서, 이 책은 먼저 자기 안의 사랑을 회복하는 길을 보여주고 그 사랑이 이웃에게 흘러가도록 돕습니다. 자신의 힘으로 사랑하다 지쳐버린 이들, 사랑을 다시 배우고, 사랑을 실천하며, 사랑을 다시 믿고 싶은 이들에게 이 책을 기꺼이 권합니다.

김병삼 목사 | 만나교회 담임목사

안세진 목사는 저의 큰아들과 함께 사회복지를 공부한 사이이기도 합니다. 저자는 '목사의 아들'이라는 은혜인 동시에 고난(?)이기도 한 쉽지 않은 환경 속에서 자라며, '목사의 아들이니 바르고 착해야 한다'는 압박에 무수한 상처를 입기도 했습니다. 하지만 그는 그 상처를 숨기지 않고 하나님 앞에 가져갔습니다. 그리고 그 상처와 아픔을 통해 사랑을 다시 배우고, 그 사랑을 다음세대에 전하고자 이 책을 썼습니다.

이 책은 단순한 사랑 이야기나 회복 이야기가 아닙니다. '착하게 살아야 한다'는 율법의 멍에에 지친 이들에게 십자가의 사랑이 무엇인지를 다시 묻는 책입니다.

저자는 사랑을 '감정'이 아니라 '방향'이라고 말합니다. 사랑은 '소유'가 아니라 '내어줌'이며, 선행에 그치는 것이 아니라 복음으로 이어져야 한다고 말합니다. 이 책은 한국교회의 성도들, 특히 다음세대들이 왜 교회를 떠나는지 그리고 어떻게 다시 사랑을 회복해야 하는지를 깊이 성찰하게 합니다. 그런 의미에서 이 책은 상처받은 신앙을 복음으로 다시 세우고, 왜곡된 열심이 아닌 은혜에 반응하는 사랑으로 살아가게 돕는 '회복의 선언'이기도 합니다.

저는 이 책이 저자와 같은 아픔을 가지고 자라나는 목회자 자녀들뿐만 아니라 모든 부모와 교사, 그리고 다음세대를 섬기는 이들에게 큰 울림이 되리라 믿습니다. 사랑을 다시 쓰는 일이야말로 한국교회의 미래를 다시 쓰는 일이기 때문입니다. 진실된 사랑에 목말라하는 모든 이들이 이 책을 통해 십자가에서 시작된 '진짜 사랑'을 만나게 되기를 바라며, 기쁜 마음으로 추천합니다.

주승중 목사 | 주안교회 위임목사, 주안대학원대학교 법인이사장


이 책을 읽으며 저는 한 사람의 진심 어린 고백을 듣는 것 같았습니다. 목회자의 아들로 자라며 느꼈던 부담, '착해야 한다'는 율법

적 신앙 속에서의 갈등, 그리고 하나님을 인격적으로 만난 이후의 변화가 담담하면서도 깊은 울림으로 전해집니다.

이 책은 단순히 "사랑하라"라고 말하지 않습니다. 우리가 그동안 왜 사랑을 오해해왔는지, 왜 사랑이 기쁨이 아닌 부담이 되었었는지, 그리고 어떻게 다시 사랑을 배워야 하는지를 저자의 삶을 통해 풀어냅니다. 그래서 이 책은 일방적인 가르침이라기보다 동행에 가깝습니다.

특히 사랑이 통제가 되고, 헌신이 의무가 되고, 신앙이 두려움이 되었던 이들에게 이 책은 새로운 숨을 불어넣습니다. 하나님의 사랑은 조건이 아니라 선물이며, 그 사랑을 경험할 때 우리는 비로소 자유해진다는 메시지가 깊이 남습니다.

사랑이 식어버렸다고 느끼는 이들, 자기 힘으로 사랑을 해보려다 지쳐버린 이들, 신앙이 무겁게 느껴지는 모든 이들에게 이 책을 권합니다. 다시 처음 사랑을 회복하고 싶은 독자의 손에 이 책이 따뜻한 위로와 용기로 들려지기를 바라며 기쁘게 추천합니다.

현승원 전도사 | ㈜디쉐어 창업자, 세종꿈의교회 전도사

사랑 이야기는 진부하지만, 여전히 우리의 가슴을 뛰게 만든다. 그만큼 사랑은 강력하다.

누구나 사랑을 갈망하고 사랑을 하며 살아간다. 하지만 사랑을 안다고 해서 사랑의 방법까지 알지는 못한다. 우리는 사랑하면서도 갈등을 겪는다. 서로 아끼면서도 상처를 주고받는다. 사랑이 없어서가 아니라 사랑의 길을 모르기 때문이다.

그리스도인도 마찬가지다. 하나님은 사랑이시다. 교회는 사랑을 가르치고 전하는 곳이다. 그런데 역설적으로 오늘날 교회는 위기를 맞고 있다. 많은 이들이 교회를 떠나고, 교회와 세상 사이의 벽은 두터워지고 있다. 왜일까? 왜 세상에 교회의 사랑이 전달되지 않을까? 어쩌면 우리는 진정한 사랑을 하는 대신 '착한 그리스도인'이 되어야 한다는 의무감에 사랑을 잃어버리고 먼저 지쳐버린 것은 아닐까?

나는 많은 사랑을 받았다. 하지만 그 사랑 안에서도 갈등을 경험했다. 고독을 경험했다. 서로 사랑하면서도 끊임없이 부딪혔다. 그때는 내 힘으로 사랑하려고 애만 썼지, 사랑에도 길과 방법이 있다는 사실을 몰랐다. 이 책은 바로 그 길을 함께 찾고자 하는 여정이다.

하나님의 사랑이란 무엇인가?
사랑한다면 어떻게 해야 하는가?

삶의 여러 순간, 나는 이 질문을 던졌다. 그 과정 가운데 하나님께서 주신 답을 조금씩 배워갔다. 이제 그 배움을 나누고 싶다. 이 책이 당신의 사랑의 삶을 밝히는 작은 등불이 되기를 바란다.

PART **3**  사랑의 길을 배우다

에필로그

사랑이 사라진 시대, ─────────── 잊혀져가는 사랑

# 사랑에 지쳐,
# 사랑을 잃어버리다

# 왜 술 마시면 안 돼요?

"교회 다니는 사람은 술 마시면 안 돼."

교회에서 많이 듣던 말이다. 나는 용기를 내어 물었다.

"왜 술 마시면 안 돼요?"

돌아온 대답은 한마디였다.

"성경에 써 있으니까."

대답을 들었지만, 의문은 해결되지 않았다. 오히려 더 많은 질문이 생겼다.

'왜 헌금을 해야 하지? 왜 주일마다 꼭 교회에 가야 하지? 왜 담배 피우면 안 되지?'

내 안에는 의문들이 쌓여갔다. 하지만 이런 질문들을 던지진 못했다. 질문을 하는 순간, 마치 내가 신앙이 부족한 아이가 될 것 같았기 때문이다.

나는 4대째 목회자 가정에서 태어났다. 증조할머니는 침례교 최초의 여전도사였고, 할아버지와 아버지는 목사였다. 신앙의 명문 가문이라는 자부심도 있었지만, 그만큼 크고 무거운 부담도 있었다.

나는 늘 누군가의 시선 속에 살았다. 실제로 내가 한 말과 행동, SNS에 올린 글들은 하루도 안 되어 아버지 귀에 들어갔다. 그러다 보니 누군가 항상 나를 감시하는 것 같았다. 더군다나 나의 행동이 아버지와 교회에 피해가 될 수 있다는 사실은 큰 압박감으로 다가왔다. 그래서 더 조심하고 남을 의식하며 살려고 노력했다. 작은 실수도 큰 실수가 됐다. 왜 사람들은 그저 목사의 아들일 뿐인 나에게 목사의 삶을 요구하는지 이해할 수 없었다.

학교에서도 친구들이랑 장난치다 혼나면 선생님은 이렇게 말씀하셨다.

"넌 목사 아들이잖아, 왜 그래?"

교회에선 더했다.

"목사 아들이니까 착해야지. 예배 잘 드려야지. 친구들이랑 잘 지내야지."

나에게는 늘 남들보다 높은 도덕적 기준이 요구되었다. 그때마다 나는 '나도 그냥 아이일 뿐인데'라는 생각을 억누를 수 없었다.

원래 나는 궁금한 게 많았다. '왜?'라는 질문이 자연스럽게 따라 나오는 아이였다.

왜 공부를 해야 하는가?

왜 교회에 가야 하는가?

왜 목사의 아들은 착해야 하는가?

그러나 이런 질문을 꺼내놓는 것은 쉽지 않았다. 이런 의문을 품는 것 자체가 죄악처럼 여겨졌다. 그래서 의문들을 최대한 감춘 채 신앙생활을 했다.


## 한국의 주입식 교육

한국 사회는 주입식 교육문화가 강하다. 적어도 내가 학창 시절을 보낼 때는 그랬다. 주입식 교육 시스템에서는 '왜'라는 질문은 중요하지 않다. 정답이 중요하다.

한 청년이 미국에 놀러갔다가 차 사고를 당했다. 다리를 다쳐서 움직일 수 없는 상황이었다. 주변을 지나가던 사람이 걱정하며 다가왔다.

"How are you? Are you okay?"

한국 청년은 고통에 신음하며 대답했다.

"I'm fine thank you, and you?"

익숙한 영어 문장을 달달 외우다 보니 정작 상황에 맞는 대답을 하지 못한 것이다.

문제는 이런 방식이 교회로도 들어왔다는 점이다. 신앙도 정답만 외우는 것처럼 되어버렸다. '하지 말라'는 규칙들을 무작정 따르면 된다. "왜?"라고 묻는 것이 조심스러워졌다. 규칙을 어기면 신앙이 부족한 사람처럼 보였다. 그래서 우리는 신앙의 규칙을 따라 살아가려고 노력했다.


## 술 취하지 말라

성인이 되어 술을 합법적으로 마실 수 있는 나이가 되었을 때 나는 다시 질문했다.

"왜 그리스도인은 술을 마시면 안 되는가?"

교회에선 질문할 수 없었다. 그래서 직접 성경을 찾아보니 "술 취하지 말라"(엡 5:18)라는 말씀이 있었다. 나는 나름대로 결론을 내렸다.

'술에 취하지 않으면 되겠네.'

성경을 잘 지키면서 술을 마실 수 있다고 생각했다.

이 이야기를 기독교인 친구와 나눴더니 이렇게 말했다.

"우리 몸이 거룩한 성전인데 어떻게 술을 마셔?"

나는 대답했다.

"콜라도 몸에 안 좋아. 감자튀김이랑 치킨도 몸에 안 좋아.

그러면 그것들도 다 끊어야지."

그 친구는 아무 말도 하지 못했다.


나는 점점 더 성경을 내가 '원하는 대로' 해석하는 법을 찾아냈다. 천국행 티켓을 잃지 않으면서도 욕심을 채울 방법을 궁리했다. 하나님을 화나게 하지 않으면서도 내가 원하는 삶을 추구했다. 하나님이 화내지 않으실 선을 찾아 긋기 시작했다.

'내가 여기까지 하면 하나님께서는 화내지 않으시겠지. 여기까지만 해야지.'

이건 어쩌면 나만의 이야기는 아닐지도 모른다. 많은 그리스도인들이 비슷한 경험을 했을 것이다. 어렸을 때부터 규칙을 따르라는 말을 들었지만, 그 규칙을 지키기 싫은 자신과 마주한 순간이 있었을 것이다. "교회 다니는 사람은 이렇게 해야 해"라고 말하지만, 정작 왜 그래야 하는지에 대한 설명은 듣지 못해 답답함만 가슴 속에 쌓였던 적도 있을 것이다.

그러다 보니 신앙은 때때로 '지켜야 하는 규칙 목록'처럼 느껴지기도 했다.

'술은 안 돼, 담배는 안 돼, 거짓말은 안 돼, 욕하면 안 돼.'

하지만 왜 그래야 하는지 말해주는 사람은 없다. 그래서 우리는 종종 하나님을 사랑해서가 아니라 '혼나기 싫어서' 규칙을 지키며 살아간다.

## 성령에 취하라

청년 시절의 나는 에베소서 5장 18절을 내가 원하는 방식으로 해석했다. 그 덕분에 술을 마시는 건 아무렇지도 않았다. 하지만 술 마신 다음 날이 되면 묘하게 죄책감이 남았다. 마음 한쪽에서는 계속 '이게 맞나?'라는 질문이 들려왔지만, 나는 애써 무시했다.

목회자가 된 뒤에 다시 이 말씀을 묵상했다. 그리고 그 구절 안에 담긴, 내가 완전히 놓치고 있던 메시지를 보게 되었다.

사도 바울은 말했다.

> 술 취하지 말라 이는 방탕한 것이니 오직 성령으로 충만함을 받으라
>
> 엡 5:18

여기서 '취하다'(헬라어로 메뒤스코)라는 동사는 '통제를 잃다'라는 뜻이다. 술뿐 아니라 무엇이든 우리의 삶을 통제하고 있다면 그것이 바로 방탕한 삶이 된다. 바울은 단순히 술을 금지한 것이 아니다. "너의 삶을 무엇에게 맡기고 있느냐"라는 더 깊은 질문을 던진다. 그리고 우리의 중심을 성령께 드리라고 말한다.

그런데 우리는 왜 '술을 마셨냐, 안 마셨냐'로 사람을 판단할까? 왜 "성령으로 충만함을 받으라"라는 말씀을 '술은 한 방울도 안 된다'라는 율법으로 바꿀까?

그 이유는 간단하다. 교회 안에서 사랑이 사라졌기 때문이다. 사랑이 사라진 자리에 율법이 들어섰다. 하나님의 말씀을 '사랑의 초대'가 아니라 '지켜야 할 규칙'으로 바꿔버렸다. 사랑 없이 남겨진 규칙은 부담이 된다. 사랑 없이 요구되는 헌신은 억압이 된다.

이 책은 그 사라진 사랑을 다시 찾는 여정이다. 술 마시는 문제로 시작했지만, 결국 우리가 묻고 싶은 질문은 이것이다.

"하나님이 사랑이시라는데, 도대체 사랑이란 무엇일까?"

이 질문에 답을 찾는 순간 당신의 신앙은 규칙이 아니라 자유가 될 것이다. 참된 자유와 사랑을 경험할 것이다.

**묵상 질문**

1 나의 신앙생활 속에 '왜 해야 하는가?'라는 질문이 있는가?

2 내 삶에서 나를 '통제'하는 것은 무엇인가? 인정? 성공? 사람의 시선? 중독성 있는 습관? 그것이 어떻게 나의 영적 방향을 흔들고 있는가?

3 나는 지금까지 '혼날까 봐' 규칙을 지켰는가, 아니면 '사랑하기 때문에' 순종해왔는가?

4 하나님이 나에게 규칙보다 관계를 원하신다는 사실을 깊이 믿는다면, 지금의 신앙생활은 어떤 모습으로 변화될까?

# 돼지고기 먹지 마

"돼지고기는 성경에서 금한 음식이니 먹지 말아야 합니다."

어느 날, 내가 깊이 존경하는 어르신이 진지한 얼굴로 하신 말씀이다. 그 분은 평생 교회를 섬기신 분이었다. 나는 미소 지으며 조심스럽게 대답했다.

"예수님이 우리를 위해 십자가에서 다 이루셨기 때문에 이제 저희는 돼지고기도 먹을 수 있습니다."

만약 율법이 여전히 우리의 기준이라면 한국교회 성도 대부분은 율법을 어기는 죄인이 되었을지도 모른다.

### 죄가 뭔데요?

집안에 목사가 여섯 명이 넘는 열세 살 초등학생에게 물었다.

"죄가 뭐라고 생각해?"

그 아이는 망설임 없이 대답했다.

"십계명을 어기는 게 죄예요."

교회를 평생 다닌 아이에게 '죄'의 정의는 곧 '규칙을 어기는 것'이었다. 사실 이 대답은 놀랍지 않다. 많은 성도들이 이렇게 율법을 기준으로 배웠다.

하지만 정작 십계명을 순서대로 말해보라고 하면 어른들도 당황한다. 부끄럽지만 나도 목사 시험을 볼 때 십계명을 대보라는 말에 버벅대며 한참 시간이 걸렸다. 우리는 외우지도 못하는 법을 기준으로 여긴다. 그 법을 지키지 못하면 스스로를 죄인이라고 규정한다.

율법 중심의 신앙은 결국 이런 생각을 갖게 만든다.

- 죄 = 규칙을 어기는 것이다.
- 신앙 = 규칙을 지키는 것이다.
- 구원 = 내가 얼마나 착하게 살았는가에 따라 결정된다.

그렇게 신앙은 어느 순간 기쁨이 아니라, 우리를 지치게 만드는 족쇄가 된다.

## 율법은 나쁜 게 아니다

율법은 나쁜 것이 아니다. 하나님께서 주신 율법은 원래 선했다. 문제는 사람들이 하나님께서 '왜' 그 율법을 주셨는지를 잊어버렸다는 데 있다.

예수님 당시 바리새인들은 율법을 정말 철저하게 지켰다. 그들의 열심은 우리가 상상하는 것 이상이었다. 하루에 몇 번 기도해야 하는지, 얼마를 헌금해야 하는지, 안식일에 몇 걸음까지 걸어도 되는지 등 아주 세세한 것까지 규정을 만들어 일상에 적용했다. 정결법, 단식법, 십일조, 손 씻는 규례까지 완벽하게 지켰다.

만약 '율법을 잘 지키는 사람 = 하나님께 인정받는 사람'이었다면 예수님은 누구보다 바리새인들을 칭찬하셨어야 했다. 그들은 종교적으로 완벽한 모범생들이었다. 하지만 예수님은 그들에게 정반대의 말씀을 하셨다.

"눈먼 바리새인이여 먼저 안을 깨끗이 하라"(마 23:26).

"뱀들아 독사의 새끼들아"(마 23:33).

율법을 얼마나 '잘' 지키는지보다 '왜' 지켜야 하는지를 아는 것이 중요하다. 바리새인들은 율법을 '목적'으로 삼았다. 그들에게 율법은 자신의 경건함을 자랑하는 무대였다.

• 율법은 하나님을 향해야 하는데, 그들은 자신을 향해 썼다.

- 율법은 사랑의 보호선이어야 하는데, 그들은 남을 판단하는 잣대로 삼았다.
- 율법은 죄를 깨닫게 하기 위함인데, 그들은 율법을 잘 지키는 자신이 선하다고 착각했다. 결국 율법의 목적을 잃어버렸다.

잘못 해석된 율법은 사랑을 죽이고 자기 의를 드러내는 도구가 된다.

나도 율법을 지키는 바리새인과 같은 삶을 살았던 적이 있다. 신앙생활이란 그저 율법을 잘 지키기만 하면 된다고 생각했다. 하나님과 가까워지는 것에 집중한 것이 아니라, 최대한 떨어져서 그 줄이 끊어지지 않기만 바랐다. 그렇게 나는 율법을 '지켜야 하는 규칙'으로만 이해했다. 그러나 성경은 율법의 목적을 전혀 다르게 말한다.

### 율법의 역할

성경은 율법의 본질을 명확히 말한다.

… 율법으로는 죄를 깨달음이니라 롬 3:20

율법은 목적이 아니라 통로다. 율법은 우리를 그리스도께로 인도하는 선생이다(갈 3:24). 율법은 우리가 죄인임을 깨닫게 해준다(롬 3:19,20). 성경은 율법 행위에 속한 사람은 저주 아래에 있는 사람이라고 말하고 있다(갈 3:10).

율법은 하나님 앞에서 우리가 결코 의로울 수 없음을 깨닫게 하는 거울이다. 우리가 거울을 본다고 얼굴이 깨끗해지진 않는다. 거울은 단지 얼굴이 더럽다는 사실을 알려줄 뿐이다. 율법의 목적은 '우리가 지켜서 구원받는 것'이 아니라, 우리의 힘으로는 결코 지킬 수 없다는 사실을 인정하게 만드는 데 있다.

그리고 그때 우리의 시선은 십자가로 향하게 된다.

'내 힘으로는 안 되는구나. 나는 결코 의로울 수 없구나. 그래서 예수님이 오셔야 했구나.'

이 깨달음이 우리를 은혜로 이끈다.


율법이 하는 가장 중요한 일은 우리를 예수님에게로 훌쩍 밀어 넣는 것이다.

찰스 스펄전은 이를 이렇게 정리한다.

"율법은 우리를 십자가로 이끌고, 십자가는 우리를 자유로 인도한다."

율법은 우리 손을 잡아 십자가까지 데려간다. 그리고 십자가 앞에 서면 율법은 '내 역할은 여기까지'라고 말한다. 그 순간 사람은 율법이 아닌 예수님의 의로 옮겨간다. 노력의 시대가 끝나고, 은혜의 시대가 열린다.

오늘날 교회 안에서도 사랑보다 율법이 앞세워질 때가 있다. 사랑을 말하면서도 율법을 우선시한다. 은혜를 말하면서도 결국 행위를 앞세운다. 율법이 잘못된 것이 아니다. 율법으로 구원을 얻을 수 없을 뿐이지, 율법 자체가 나쁜 것은 아니다. 율법과 복음은 나뉘지 않는다.

예수님은 율법을 성취하셨다. 우리가 율법을 다 지킬 수 없기에, 예수님이 친히 율법을 이루셨다. 우리의 죄가 예수님에게 전가되고, 그분의 의가 우리에게 전가되었다. 그래서 우리는 아담 안에서 예수님 안으로 옮겨졌다.

많은 사람이 이 사실을 머리로는 이해하면서도 행동은 변화가 없다. 이미 율법주의 신앙이 우리의 양심에 파고들어서 우리를 옭아매고 있다. 양심에 율법이 각인되어 있다. 율법을 지키며 착하게 살아야 구원받는다고 생각하게 된다.


## 지금 죽어도 천국 갈 수 있나요?

내가 교회학교에서 사역을 처음 시작할 때마다 아이들에게 꼭 물어보는 질문이 있다. 먼저 눈을 감으라고 하고 묻는다.

"내가 지금 당장 죽는다면 나는 천국에 갈 수 있다고 생각하는 사람 손 들어보세요."

이 질문을 들으면 무의식적으로 내가 착하게 살아왔는지, 잘못한 건 없는지 생각하게 된다. 이 질문에 자신이 천국 갈 수 있다고 생각하고 손을 드는 아이들은 10분의 1정도밖에 안 된다. 어른도 마찬가지다. 어른 예배에서도 이 질문에 자신 있게 손을 드는 사람은 많지 않다. 이유를 물어보면 "저는 아직 죄인이어서요", "하나님 앞에서 아직 부족해서요"라고 하지만, 이는 겸손이 아니라 교만이다.

우리가 어떻게 해야 구원받기에 충분할 수 있을까? 십억 헌금하면 가능할까? 삼십 년 동안 교회 빠지지 않고 나가면 가능할까? 교회에서 높은 직분을 얻으면 가능할까? 답은 '절대 불가능'이다. 우리는 하나님 앞에서 절대 충분할 수 없다. '내가' 구원을 얻을 수 있는 방법은 없다.

그렇기 때문에 하나님께서 예수님을 보내주신 것이다. 우리는 이것을 사랑이자 은혜라고 부른다. 우리는 천국에 갈 수 있다. 구원받을 수 있다. '내가' 아니라 '하나님'께서 하셨기 때문이다. 내가 충분하거나 완벽해서가 아니다. 하나님께서 완벽하시기 때문이다. 하나님께서 예수 그리스도를 통해 나의 죄를 사하셨기 때문이다.

우리는 십자가를 통해 자유를 얻었다. 십자가를 통해 죄가 사해졌다. 하나님께서 우리를 의롭게 하셨다.

우리가 의로워서 의로워진 것이 아니라 하나님으로 인해 의롭다 칭함을 받은 것이다. 구원은 내가 얼마나 착한가에 달려 있지 않다. 예수님이 십자가에서 이루신 은혜에 달려 있다. 그 은혜와 사랑을 경험할 때 사랑의 삶을 살게 된다.

## 묵상 질문

**1** 나는 신앙생활을 하면서 '율법을 지켜야 한다'는 압박을 받은 적이 있는가? 그때 내 마음은 하나님께 가까워졌는가, 아니면 더 멀어졌는가?

**2** 나는 '죄'를 어떤 기준으로 정의해왔는가? 규칙을 어기는 것인가, 아니면 하나님과의 관계가 어그러지는 것인가?

**3** 혹시 나는 율법을 통해 하나님께 인정받으려 하지는 않았는가? 내 안에 남아 있는 율법주의의 흔적은 무엇인가?

**4** 지금 죽어도 천국 갈 수 있다고 자신 있게 말할 수 있는가? 그렇지 못하다면, 그 이유는 '나의 부족함' 때문인가, 아니면 '하나님의 은혜에 대한 오해' 때문인가?

# 당근 때문에 돌아가신 예수님?

뜨거운 여름날, 교회학교 여름수련회를 섬기러 갔다. 스무 살 때부터 수년간 수련회 봉사는 내 일상처럼 이어졌다. 그 가운데 아직도 잊히지 않는 기억이 하나 있다.

한 유치부 수련회였다. 백여 명이 넘는 어린이들이 모인 집회 시간이 되었다. 유치부 교역자가 수련회의 하이라이트인 복음 메시지를 전하기 시작했다. 그런데 무엇인가 이상했다.

유독 성량이 좋았던 유치부 교역자는 어린이들에게 소리치기 시작했다.

"너 때문에 예수님이 십자가에 돌아가셨잖아. 네가 부모님 말 안 듣고! 선생님 말 안 듣고! 너희가 죄를 지었기 때문에 예수님 이 십자가에서 돌아가셨어!"

## 이상한 복음

이십 년 전, 내가 초등학생 때 들었던 복음과 다르지 않았다. 패턴도 비슷했다. 수련회 때 전도사님이 불을 끄고 소리쳤다.

"너희는 죄인이야. 너희 때문에 예수님이 돌아가셨어. 너희가 친구들이랑 싸우고, 부모님 말 안 듣고! 죄를 지었기 때문에 예수님이 돌아가셨어."

나는 그 수련회에서 예수님을 영접했다. 그리고 다짐했다.

'다시는 친구들이랑 싸우지 말아야지.'

그 뒤로 친구와 다툼이 생길 때마다 하나님 앞에 죄를 지은 것처럼 느껴졌다. 친구와 싸우거나 선생님 말씀을 따르지 않으면 마치 지옥에 갈 것 같은 공포가 몰려왔다. 그렇게 내 안에는 은혜보다 행위에 집중하는 신앙이 자리 잡았다.


성인이 되어 그와 비슷한 유치부 전도사님의 설교를 들으며 나는 이상함을 느꼈다. 아담과 하와의 타락으로 인류가 죄인이 되었다는 이야기에서 시작해, 결국엔 '부모님 말 안 듣는 것'이 죄라고 끝났다. 마음속에 의문이 생겼다.

'다섯 살 아이가 당근을 먹지 않았기 때문에 예수님이 십자가에 달려 돌아가셨을까? 다섯 살 아이가 예배 시간에 장난을 쳐서 예수님이 돌아가셨을까?'

물론 전도사님이 이런 의도로 말하지 않았다는 것을 나는 알고 있다. 하지만 말씀을 듣는 아이들의 마음에는 이런 메시지가 새겨진다.

'부모님의 말을 듣지 않는 것은 죄고, 말을 안 들으면 나쁜 사람이 된다.'

어렸을 때 들었던 가르침이 우리의 양심을 결정하고 우리의 기준을 정한다. 그래서 행위로 구원을 얻을 수 있다고 착각하게 만든다.


## 착한 그리스도인 병

성경은 분명히 구원이 선물이라고 말한다.

너희는 그 은혜에 의하여 믿음으로 말미암아 구원을 받았으니 이것은 너희에게서 난 것이 아니요 하나님의 선물이라 엡 2:8

"이것은 너희에게서 난 것이 아니요"라는 말씀은 '네가 할 수 있는 것이 아무것도 없다'라는 뜻이다. 구원은 우리의 노력으로 얻는 것이 아니다. 값없이 주어진 선물이다. 선물은 내가 값을 주고 사는 것이 아니다. 받는 것이다. 대가를 주고받는 것은 선물이 아니다. 하나님께서는 구원을 선물로 주셨다.

이것이 예수님의 가르침인데 잘못된 가르침이 우리의 양심과 관점에 영향을 주기 시작했다. 그 결과로 하나님의 사랑과 은혜에 감사하기보다 개인의 행위에 매달리게 된다. '착한 그리스도인'이 되어야 한다는 강박이 생긴다.

안타깝게도 많은 그리스도인이 율법의 감옥에 갇혀 있다. 구원을 사랑이 아니라 율법에서 찾는다. 구원을 행위와 성품에서 찾는다. '열심히 교회생활해야 천국 간다. 착해야 천국 간다'라는 생각이 자리 잡는다. 나는 이런 상태를 '착한 그리스도인 병'이라고 부른다.

나 역시 스물두 살까지 착한 그리스도인 병 환자였다. 주일에 예배에 빠지면 하나님께 혼날 것이라고 생각했다. 헌금을 안하고 교회를 열심히 섬기지 않으면 하나님이 싫어하실 것이라고 생각했다. 그래서 부지런히 예배를 드리고, 기도해야 했다. 어떻게든 성경에 쓰인 말씀을 어기지 않으려 했다. 힘들게 얻은 천국행 티켓을 잃지 않기 위해 노력했다. 스스로를 율법으로 옭아매며 살았다. 결국 나는 내가 만든 규범의 감옥에 갇혀 있었다.

## 새로운 계명

이것은 예수님의 가르침과 정반대이다. 성경은 이렇게 말한다.

죄가 너희를 주장하지 못하리니 이는 너희가 법 아래에 있지 아니하

고 은혜 아래에 있음이라 롬 6:14

우리는 더 이상 법 아래에 있지 않다. 은혜 아래에 있다. 율법이 우리를 구속하지 못한다. 예수님께서 모든 율법을 완성하시고 우리에게 새로운 계명을 주었다.

새 계명을 너희에게 주노니 서로 사랑하라 내가 너희를 사랑한 것같이 너희도 서로 사랑하라 요 13:34

"사랑하라."

예수님은 모호하게 말씀하지 않으셨다. 이해하기 어렵게 말씀하지도 않으셨다. 해석이 필요하지도 않다. 누구라도 알아들을 수 있도록 분명하게 말씀하셨다. 복음은 '착해지라'는 명령이 아니라 '사랑하라'는 초대였다.

## 사랑의 기준

그냥 사랑하라고 말씀하신 것이 아니다. 예수님은 어떤 사랑을 해야 하는지 그 사랑의 기준까지 명확하게 말씀해주셨다.

"내가 너희를 사랑한 것같이 너희도 서로 사랑하라."

우리는 예수님께서 우리를 사랑하신 것같이 서로 사랑해야 한다. 예수님께서 우리를 사랑하신 그 방식으로 서로 사랑해야 한다. 이것이 우리가 지켜야 할 계명이다. 따라야 할 명령이다. 예수님께서 이 땅에 오셔서 우리에게 주신 새로운 가르침이다.

새 계명을 받은 우리는 새로운 삶으로 부름받았다. 율법으로 사는 삶이 아니라, 예수님으로 사는 삶이다. 하지만 예수님의 가르침이 시간이 지나며 변질되었다. 새로운 삶을 받는데 옛 삶으로 돌아간다. 예수님의 말씀을 따르기보다 우리가 하고 싶은 대로 따른다. '어떻게 사랑을 실천할 것인가'를 묻기보다 '누가 법을 더 잘 지키는가'로 신앙을 평가한다. 그리스도인으로서 해야 할 것과 하지 말아야 할 것을 얘기한다.

"그리스도인은 술 마시면 안 돼. 그리스도인은 예배에 빠지면 안 돼. 그리스도인은 뭐 뭐 하면 안 돼."

어느새 예수님이 주신 계명인 사랑은 사라지고 율법으로 돌아간 것이다. 사랑을 어떻게 행하는지보다 행위에 집중한다. 율법을 지키는 모습을 보고 신앙을 판단하기 시작한다.


## 문제아에서 찬양팀 리더로

내가 학생처에서 사역할 때였다. 예배가 거의 끝날 무렵, 문 앞에 어색하게 서 있는 한 여자아이를 보았다. 처음 보는 얼굴이었다. 오랜만에 교회에 왔다고 했다. 한 선생님이 조심스럽게 말했다.

"전도사님, 저 아이 이전 교회에서 문제가 좀 있었던 아이에요. 문신도 있어요."

나는 그 아이를 있는 그대로 환영했다.

"늦게라도 와줘서 고마워. 네 얼굴 보니까 정말 반갑다."

그 아이는 말했다.

"저는 하나님 안 믿어요. 그래서 교회 오기 좀 그래요."

나는 웃으며 대답했다.

"괜찮아. 교회는 원래 믿지 않는 사람들이 와야 하는 곳이야. 언제든지 와도 돼. 내가 기다릴게."

그날 이후 아이는 가끔씩 오기 시작했고, 점점 예배를 사모하기 시작했다. 어느 날 내게 말했다.

"전도사님, 저 찬양팀 하고 싶어요."

나는 그 말이 하나님의 부르심이라 확신했다. 그 후로 그 아이는 눈에 띄게 변화되었다. 찬양팀 연습을 위해 먼저 교회에 오고, 시간을 내어 기타를 배우며 헌신했다. 이 년 뒤에는 찬양팀 리더가 되어 예배를 인도하는 자리까지 섰다.

우리는 가끔 교회를 오해한다.

"신실한 사람만 와야 한다."

"깨끗해야 교회에 올 수 있다."

"문제 있는 사람은 오면 안 된다."

그렇지 않다. 교회는 바로 그런 사람들이 와야 하는 곳이다. 교회는 죄인을 위한 곳이다.


## 죄인을 부르시는 예수님

예수님이 이렇게 말씀하셨다.

예수께서 들으시고 그들에게 이르시되 건강한 자에게는 의사가 쓸 데 없고 병든 자에게라야 쓸 데 있느니라 나는 의인을 부르러 온 것이 아니요 죄인을 부르러 왔노라 하시니라 막 2:17


디트리히 본회퍼(Dietrich Bonhoeffer)도 "교회는 죄 없는 사람들의 모임이 아니라, 죄를 고백하며 은혜를 구하는 사람들의 공동체"라고 말했다.

우리는 모두 죄인이다. 잘난 것 하나 없다. 속을 들여다보면 흠투성이이고 상처투성이다. 교회는 정죄의 집이 아니다. 배제의 자리가 아니다. 은혜의 집이며 환영의 자리이다. 예수님은 있는 모습 그대로 우리를 부르신다.

때 묻은 모습 그대로, 실패와 상처로 얼룩진 모습 그대로 우리를 부르신다. 내가 과거에 어떤 잘못을 저질렀든, 지금 어떤 모습으로 서 있든 상관없다. 예수님은 그런 나까지도 사랑하신다. 오히려 그런 나를 더 깊이 사랑하신다. 세상이 손가락질하는 그 모습 그대로 품어주신다.

이것이 복음이다. 세상은 "먼저 깨끗해져라, 자격을 갖추어라, 더 나아져라"라고 요구한다. 하지만 예수님은 말씀하신다.

'나에게 오라. 너 있는 모습 그대로 오라. 내가 너를 깨끗게 하리라.'

교회는 완벽한 사람들의 모임이 아니다. 은혜가 필요한 사람들의 모임이다. 교회는 잘난 사람들이 모인 곳이 아니다. 하나님의 은혜가 필요한 사람들이 모이는 곳이다. 만약 죄인 아닌 사람만 교회에 올 수 있었다면 교회는 텅텅 비었을 것이다.

규율이 전혀 중요하지 않다는 뜻은 아니다. 다만 순서가 다르다. 예수님의 은혜가 먼저다. 은혜가 기초가 되고, 규율은 그 위에 세워진다. 사랑을 받은 우리가 사랑으로 반응하는 것이 신앙생활이다.

## 율법과 새 언약

율법은 마치 엑스레이와 같다. 우리가 어디가 아픈지, 어디를 다쳤는지 보여주지만 아픈 곳을 치유해주지 못한다. 율법을 통해 우리가 죄인임을 알게 되지만 율법이 우리를 죄로부터 구원해주지는 못한다. 그래서 예수님이 이 땅에 오셔서 우리와 함께 새

언약을 맺으신 것이다.

율법을 지키는 것은 하나님을 사랑하기 때문에 자연스럽게 우러나와야 한다. 부모님을 공경하는 것은 단순히 '해야 하기 때문이' 아니라, '사랑하기 때문에' 하는 것과 같다. 예배에 나오는 것도 벌을 피하려는 두려움이 아니라, 하나님을 사랑하는 마음에서 비롯되어야 한다. 하나님의 사랑에 사랑으로 반응해야 한다.

사랑 없는 순종은 부담이 된다. 사랑 안에서의 순종은 기쁨이 된다. 사랑 없는 율법은 정죄가 된다. 사랑이 담긴 율법은 생명이 된다. 그리스도인이 된다는 것은 새로운 삶을 사는 것이다. 예수님의 가르침을 따르는 것이다. 사랑의 삶은 오직 은혜로 사는 것이다.

## 묵상 질문

1 나는 어릴 때 혹은 지금도 "착해야 하나님께 사랑받는다"라 는 생각을 하고 있지는 않은가?

2 내가 지켜온 신앙의 규칙들 중 '하나님을 사랑해서'가 아니라 '벌 받지 않으려고' 지킨 것이 있는가? 있다면 무엇인가?

3 하나님을 향한 나의 신앙은 지금 '두려움의 신앙'인가, 아니 면 '사랑의 신앙'인가?

4 예수님이 주신 새 계명, "서로 사랑하라"라는 말씀을 나는 일 상에서 어떻게 실천하고 있는가?

# 교회를 떠나는 사람들

나는 S라는 친구에게 십오 년 동안 복음을 전했다. 그의 어머니는 독실한 신앙인이었고, 어린 시절 S도 교회에 다녔다. 그러나 초등학생 때 한 여름 수련회에서의 경험으로 교회를 떠났다.

하나님을 믿지 않던 S는 지인을 따라 교회 수련회를 갔다. 기도 시간이 되자 교사들과 강사가 방언으로 기도하기 시작했다. 교회 문화에 익숙하지 않았던 S는 낯설고 두려운 마음에 조용히 앉아 있었다. 그때 강사가 S를 손가락으로 가리키며 말했다.

"지금 이곳에 사탄의 자식이 있습니다. 저 친구를 위해 더 뜨겁게 기도합시다."

순식간에 낯선 사람들이 둘러싸고 큰 소리로 기도하기 시작했다. S는 그저 자신을 향해 알 수 없는 말을 내뱉는 사람들 사이에서 벗어나고 싶었다. 그날 이후 S에게 교회는 두려움이 되었다.

## 율법신앙이 만든 거짓 두려움

많은 그리스도인이 종종 이런 말을 들으며 자란다.

"기도 안 해서 일이 안 풀리는 거야."

"예배 빠지니까 하나님이 벌주신 거지."

"신앙생활 바로 안 하면 사고 난다."

나 역시 어릴 적 이런 말을 들으며 자랐다. 나는 솔직히 이렇게 생각했다.

'하나님이 진짜 이렇게까지 쪼잔하신 분인가?'

하지만 이것은 성경이 말하는 하나님이 아니다. 사랑이 빠진 율법이 만든 거짓 두려움이다. 율법신앙으로 인해 사람들은 하나님을 아버지로 보지 못하고, 언제 화낼지 모르는 심판자로 바라본다. 그래서 구원을 끊임없이 의심하며 확인한다.

"하나님, 저 아직 괜찮은 거죠?"

"저 오늘 죄를 지었는데… 천국 못 가요?"

율법신앙의 근본 감정은 평안이 아니라 불안이다. 은혜가 아니라 근심이다. 두려움이 신앙의 중심을 잡을 때 사람들은 교회에서 멀어진다.


## 사랑을 잃어버린 교회

교회의 가르침은 사랑이다. 세상을 만드신 신이 우리를 사랑하신다는 종교가 기독교다. 내 주변 교회를 다니지 않는 친구들에게 왜 교회에 가지 않느냐고 물어보면 이렇게 대답한다.

"나 술 마시고 담배 피우는데 교회 가면 안 될 것 같아."

"착하게 살 자신이 없어서 교회 못 가."

"교회는 착한 사람들만 가는 곳 아냐?"

마치 규칙 잘 지키고 착한 사람들만 교회에 가야 한다고 착각한다. 그렇게 들어왔기 때문이다.

하지만 예수님은 완전히 반대로 말씀하셨다.

나는 의인을 부르러 온 것이 아니요 죄인을 부르러 왔노라 막 2:17

어느새 교회는 사랑을 잃었다. 사랑이 사라진 교회는 자연스럽게 판단하기 시작한다. 조건을 붙이기 시작한다. 사랑이 사라진 자리를 율법이 대신 차지하면, 교회는 더 이상 피난처가 아니라 법정이 된다.

바나 리서치 조사에 따르면, 비그리스도인 응답자의 62퍼센트가 '정죄 없는 대화'를 기대했지만, 실제로 교회 안에서 이를 경험한 사람은 34퍼센트에 불과했다. 이 숫자는 교회가 지금 무엇을 잃어버리고 있는지 잔인할 만큼 정확하게 말해준다.

사람들은 복음이 싫어서 떠나는 것이 아니다. 사랑 없는 사람 때문에 교회를 떠난다. 정죄가 가득한 교회를 떠나는 것이다. 그리고 정죄가 계속되는 한 교회는 계속해서 사람을 잃을 것이다.


## 익숙한 율법, 낯선 은혜

우리는 연약하기에 율법을 온전히 지킬 수 없다. 그런데도 많은 사람이 '그래도 이것 정도는 지켜야 구원받지 않을까?'라는 생각에서 벗어나지 못한다. 이 생각이 신앙의 중심이 되는 순간, 신앙은 기쁨이 아니라 무거운 짐이 된다. 변하지 않는 자신을 보며 죄책감만 깊어지고, 은혜는 점점 희미해진다.

성경은 말한다.

> 율법 안에서 의롭다 함을 얻으려 하는 너희는 그리스도에게서 끊어지고 은혜에서 떨어진 자로다 갈 5:4

율법을 붙잡는 순간 우리는 오히려 예수님에게서 멀어진다. 자유인이 되었음에도 다시 노예의 자리로 돌아가는 것과 같다.

사람들이 율법에 끌리는 이유는 단순하다. 율법은 익숙하고, 은혜는 낯설기 때문이다. 우리는 유교적 문화 속에서 자라 "규칙을 지켜야 사랑받는다"라는 방식에 익숙하다. 조건 없는 사랑보다 '대가가 있는 거래'를 더 당연히 여긴다. 그래서 사람들은 은혜 위에 조용히 조건을 추가한다.

"주일 예배는 빠지면 안 돼."

"헌금은 해야지."

"이 정도는 해야 하나님이 기뻐하시겠지."

그러다 보면 신앙은 은혜가 아니라 '해야 할 일의 목록'이 되어버린다.

구원은 우리가 붙잡는 것이 아니라 하나님이 붙들어 지키시는 은혜다. 우리는 이미 압도적인 은혜를 받았다. 다시 율법으로 돌아갈 이유가 없다. 은혜는 방종이 아니라 자유다. 은혜는 죄책감에서 자유하고, 사람의 기준에서 자유하고, 비교에서 자유하게 하는 힘이다. 은혜를 깨달을 때, 신앙은 의무가 아닌 사랑의 반응이 된다.


## 포스트모던 시대 속 진리

포스트모던 시대는 "트렌드가 되면 참이 된다"라는 위험한 사고를 만든다. 그러나 진리는 변하지 않는다. 모든 사람이 지구가 네모라고 주장해도 지구가 둥글다는 사실이 변하지 않는 것처럼, 우리가 오직 예수님의 십자가로 구원받았다는 진리는 변할 수 없다.

문제는 율법을 붙잡는 순간, 사람들은 자신만의 기준을 만든다는 것이다. 나의 판단, 나의 감정, 나의 관점이 절대 기준이 되어버린다. 나의 기준이 '진리'처럼 되어버리는 것이다. 그러면 진정한 진리는 흐려지고, 신앙은 자연스럽게 율법주의로 흘러간다. 그 결과, '열심'은 남지만 '사랑'은 사라진다.


### 사랑 없는 열심

대학 시절, 한 친구가 성경을 읽고 큰 깨달음을 얻었다며 갑자기 전도에 열을 올리기 시작했다. 그는 멸망의 때가 가까웠는데 자신은 그동안 하나님의 일을 거의 하지 않았다고 여겼다. 그래서 캠퍼스 동기들에게 다가가 이렇게 말했다.

"너 예수 믿어? 안 믿으면 지옥 가!"

그는 상대방이 불편해하든 마음이 상하든 전혀 신경 쓰지 않았다. 전도를 하는데 오히려 반기독교인을 양성했다. 나는 우려의 목소리로 그만하라고 전했다. 그 친구는 "나는 복음을 전했으니 할 일을 다 했다"라고 말하며, 자신은 천국 갈 수 있지만 듣지 않은 사람은 "스스로 선택해야 한다"라고 했다.

겉으로는 뜨거운 열심 같았지만, 그 속에는 공감도, 관계도, 사랑도 없었다. 율법주의가 만든 또 다른 모습이었다.

그래서 바울은 '율법으로 가려면 전체를 지켜야 한다'라고 말했다.(갈 5:3 참조) 율법을 지키려면 다 지켜야 한다. 율법은 한

조항만 지키는 것으로 만족할 수 없다. 하나라도 어기면 전체가 무너진다.

문제는, 인간은 그 율법을 완전히 지킬 수 없다는 것이다. 우리의 힘으로는 결코 완성에 도달할 수 없다. 그래서 하나님께서 예수님을 보내셨다.

> 율법이 육신으로 말미암아 연약하여 할 수 없는 그것을 하나님은 하시나니 곧 죄로 말미암아 자기 아들을 죄 있는 육신의 모양으로 보내어 육신에 죄를 정하사 롬 8:3

## 은혜로 살다

은혜로 산다는 것은 내 마음대로 산다는 뜻이 아니다. 오히려 은혜를 경험한 사람은 자발적으로 예수님을 닮아간다. 기도하고, 섬기고, 헌신하는 이유가 달라진다. 더 이상 '구원받기 위해' 헌신하는 게 아니라, 이미 받은 사랑에 대한 '사랑의 반응'이 된다.

우리가 보아온 모든 아픔의 공통된 원인은 단 하나다. 사랑이 사라졌기 때문이다. 사랑이 사라진 교회는 사람을 잃고, 사랑이 돌아온 교회는 사람을 살리는 공동체가 된다.

결국 질문은 이것이다.

"지금 나는 사랑으로 살고 있는가? 내 안에 사랑이 흐르고 있는가?"

우리가 잃어버린 사랑을 회복할 때, 하나님은 우리를 새롭게 하신다. 사랑이 회복되면, 사람도 살아난다. 사랑이 돌아오면, 모든 것이 다시 시작된다.

## 묵상 질문

1  나는 신앙생활을 하면서 하나님을 '사랑의 아버지'보다 '심판자'로 느낀 적이 있는가?

2  나도 모르게 다른 사람을 율법적 기준으로 판단했던 순간이 있었는가?

3  지금 내 신앙의 중심은 불안인가, 은혜인가?

4  예수님의 은혜를 더 깊이 경험하기 위해 내가 내려놓아야 할 '나만의 기준'은 무엇인가?

사랑은 사라지지 않았다 ———————— 깨닫지 못할 뿐이다

2
PART

# 사랑을
## 다시 찾다

# 사랑은 무엇인가?

고등부 친구들에게 "사랑이 뭐라고 생각하니?"라고 묻자 한 친구가 웃으며 말했다.

"사랑은 호르몬의 장난이에요."

모태솔로였던 학생의 장난스런 대답이었다.

사랑은 누구나 아는 단어다. 하지만 사랑을 정의하라고 하면 저마다 다른 대답을 한다. 누군가는 "뜨거운 감정"이라 말하고, 누군가는 "네가 만족을 주니까 사랑한다"라는 조건으로 설명한다. 이런 사랑은 쉽게 식는다. 조건은 언제든 바뀌며, 감정은 오래 지속되지 않는다. 그래서 세상이 말하는 사랑은 모호하고 불안하다.

그러나 성경은 다르게 말한다. 사랑을 단순한 감정이나 조건으로 보지 않는다. 요한일서 4장 8절은 이렇게 말한다.

"하나님은 사랑이심이라."

사랑은 하나님이 '가지신 성품'이 아니다. 사랑은 하나님 그분의 본질이다. 사랑은 하나님으로부터 시작되었다. 하나님을 떠나서는 사랑을 올바로 이해할 수 없다. 사랑을 알고 싶다면 먼저 하나님을 알아야 한다. 하나님이 사랑이시기 때문이다.

하나님이 사랑이시라는 말은 곧 사랑의 근원이 하나님이라는 뜻이다. 사랑은 인간이 스스로 만들어낸 감정이나 본능이 아니다. 하나님께서 창조 때부터 사람의 마음에 새겨주신 선물이다. 그래서 하나님을 모른 채 하는 사랑은 언제나 불완전하다. 하나님을 모른 채 사랑한다는 것은 마치 축구 규칙을 모른 채 축구 경기에 뛰어드는 것과 같다.


## 영원의 자리

하나님 없는 사랑은 흔들릴 수밖에 없다. 전도서 3장 11절은 사람의 마음에 "영원을 사모하는 마음을 주셨느니라"라고 말한다. 사람의 마음에는 어떤 성취, 어떤 관계, 어떤 물건으로도 채울 수 없는 구멍이 있다. 이 구멍은 '영원의 자리', 곧 하나님의 자리이다.

하나님 없는 사랑은 공허하다. 그래서 우리는 하나님을 먼저 알아야 한다. 사랑의 중심이 '내'가 아니라 '하나님'이 되어야 한다. 내 욕심, 내 뜻, 내 방법으로 사랑할 때 문제가 생긴다. 사랑하고 싶다면 나의 사랑이 아닌 하나님의 사랑이 되어야 한다.

### 사랑을 배우는 첫걸음 : 하나님과의 인격적 만남

머리로 아는 하나님과 인격적으로 만나는 하나님은 전혀 다르다. 사랑은 지식에서 시작되지 않는다. 사랑은 '관계'에서 시작된다. 내가 BTS나 일론 머스크를 안다고 해서, 그들과 관계가 있다고 말할 수 없는 것처럼.

사랑을 배우고 싶다면 사랑이신 하나님을 먼저 알아야 한다. 머리로 아는 게 아니라 하나님을 만남으로 그분을 알아야 한다. 하나님을 알 때 하나님의 마음을 알게 된다.

전 축구 국가대표 이영표는 대한민국 축구 역사에서 누구도 부정할 수 없는 커리어를 쌓았다. 월드컵 4강, PSV 아인트호벤의 UEFA 챔피언스리그 4강, 토트넘 홋스퍼, 보루시아 도르트문트까지. 수많은 사람이 꿈꾸는 정상에 섰다. 그런데 본인은 이렇게 고백한다.

"정상에 설수록 마음이 더 불안했습니다. 성공하면 행복할 줄 알았는데 아니었습니다."

그는 국가대표가 되면 행복할 줄 알았다. 벤치에만 앉아도 만족할 줄 알았고, 교체로만 뛰어도 감사할 줄 알았다. 하지만 교체로 뛰니 주전이 되고 싶었고, 주전이 되니 더 잘하고 싶었다. 성공은 이루어졌지만 만족은 없었다. 그 자리를 대신 채운 것은 끝없는 불안과 두려움이었다.

이영표 선수는 어느 순간 질문을 던졌다.

'내가 왜 성공해야 하지?'

이 질문에 답이 없는 한, 정상에 올라갈수록 허무함과 두려움만 깊어진다는 것을 그는 직접 경험했다. 그러다 하나님을 만나고 그는 새로운 결론에 이르렀다.

'행복하려고 성공하는 것이 아니라, 하나님 안에서 행복한 삶이 곧 성공이다.'

그에게 성공의 기준은 성취가 아니라 하나님을 아는 것이 되었다.


## 지식에서 만남으로

나 역시 어린 시절부터 교회에서 자랐지만, 대학을 졸업한 후 마음 한가운데 설명하기 어려운 공허함이 찾아왔다. 열심히 공부했고 원하는 대학에도 들어갔지만, 삶의 의미가 보이지 않았다. 믿음이 없던 것도 아닌데, 마음은 늘 허무했다.

어느 깊은 밤, 지친 마음으로 무릎을 꿇고 기도했다.

"하나님이 계신 건 알지만, 전혀 느껴지지 않습니다. 정말 저를 사랑하신다면 저를 한번만 만나주세요."

그렇게 한참을 울며 기도하던 어느 순간, 말로 설명할 수 없는 평안이 내 마음을 채웠다. 마치 누군가가 나를 조용히 안아주는 것 같았다. 그때 마음 깊은 곳에서 분명한 음성이 들려왔다.

'나는 너를 사랑한다. 내가 너와 함께 있다.'

그날 이후 하나님은 지식이 아니라 내가 만난 하나님이 되었다. 그 만남이 나를 바꾸었다. 그 사랑을 경험하고 나서야 나는 사랑할 수 있는 사람이 되었다.


## 사랑의 본질

하나님을 알 때, 비로소 우리는 사랑할 줄 아는 사람이 된다. 하나님을 알게 되면 사랑의 깊이를 깨닫게 된다. 하나님의 성품을 알게 되면 사랑의 넓이를 경험하게 된다. 고린도전서 13장은 사랑의 속성을 이렇게 말한다.

"사랑은 오래 참고 온유하며 시기하지 아니하며 사랑은 자랑하지 아니하며 교만하지 아니하며…."

이 모든 것은 훈련으로 억지로 만들어내는 인간적인 감정이 아니다. 도덕적 행동이 아니다. 하나님이 우리 안에서 맺으시는 열매다.

사랑은 하나님의 생명이 우리 안에서 흘러나오는 결과다. 하나님을 알기 전에는 사랑이 '내 능력'에 달려 있었지만, 하나님을 알고 난 후에는 사랑이 '그분의 능력'에 달리게 된다.


## 현대 사회 속 왜곡된 사랑

현대 사회 속에서 사랑은 자기중심적으로 변질된다. 사랑으로 상대를 소유하려 한다. 연인 관계 사이에도 '너는 내 것'이라는 소유의 언어가 자연스럽게 쓰인다. 하지만 소유의 언어로 시작된 사랑은 시간이 지날수록 상대를 통제하려는 힘으로 변한다.

"내가 너를 사랑하니까, 내 말을 들어야 해. 나를 만족시켜야 해."

결국 사랑이 상대를 살리는 힘이 아니라 압박이 된다.

가정에서도 마찬가지다. 부모들은 '사랑하기 때문에' 자녀를 공부의 틀에 가둔다. 사랑하기 때문에 통제한다. 자녀가 좋은 대학에 들어가야 행복할 것이라 믿고 온 힘을 다해 밀어붙인다. 그 속에는 자녀를 향한 사랑이 분명 있다.

하지만 그 사랑은 점점 통제가 된다. 아이가 성적을 내지 못하면 사랑받을 자격이 없는 것처럼 느끼게 만든다. 자신의 가치를 공부에서 찾는다. 사랑이 따뜻한 품이 아니라 차가운 압박으로 다가온다.

교회에서도 사랑이 왜곡될 때가 있다. 헌신이 조건이 되면 성도들은 자유가 아닌 부담 속에서 신앙생활을 하게 된다. 하나님의 사랑은 무조건적인데, '잘해야 사랑받는다'라는 두려움이 성도를 지배한다. 자발적 헌신이 아니라 의무감이 남는다. 그래서 섬김이 기쁨이 아니라 고통이 된다.

왜곡된 사랑은 결국 상처를 남긴다. 사랑이라는 이름으로 받은 것이 오히려 아픔이 된다. 사랑이라는 이유로 내 뜻을 강요당한다. 사랑이라는 이유로 자유를 빼앗긴다. 사랑이라는 이유로 상처를 받는다.

결국 사랑은 기쁨이 아니라 굴레가 되어버린다.


## 사랑의 회복은 십자가에서 시작된다

사랑은 소유가 아니라 주는 것이다. 사랑은 움켜쥠이 아니라 내어줌이다. 하나님의 사랑은 억압이 아니라 존중이다. 하나님은 우리를 강제하지 않으셨다. 오히려 우리를 존중하시고, 끝까지 기다리셨다. 하나님은 자신의 아들을 내어주심으로 사랑의 본질을 보여주셨다.

사랑은 모호하지 않다. 십자가를 바라보면 사랑은 선명해진다. 사랑은 '내'가 아니라 '하나님'에게서 시작된다. 사랑은 '내가 무엇을 했느냐'가 아니라, '하나님께서 무엇을 하셨느냐'로 정의된다.

인간은 하나님을 거절했지만, 하나님은 끝까지 포기하지 않으셨다. 하나님의 사랑은 우리를 위해 목숨까지 내어주셨다. 십자가에서 드러난 그 사랑이야말로, 우리가 가야 할 길이다. 사랑은 하나님을 닮아가는 여정이다.

그분의 사랑이 우리 안에서 깨어날 때, 우리는 진짜로 사랑할 수 있게 된다.

**묵상 질문**

1 사랑을 단지 '감정'으로만 이해한 적이 있었는가?

2 요즘 내 사랑은 '주는 사랑'인가, '소유하려는 사랑'인가?

3 하나님께서 나를 사랑하신 다는 사실이 가장 깊이 느껴졌던 순간은 언제였는가?

4 오늘 내 주변에서 하나님의 사랑을 흘려보낼 사람은 누구인가?

6

# 사랑은 기술이다

　박사 학위와 사역을 위해 미국에서 보냈던 시간은 내 인생의 가장 큰 고비 중 하나였다. 구 개월 된 아이와 아내를 데리고 공부와 사역을 동시에 감당한다는 것은 생각보다 훨씬 어려운 일이었다. 새벽기도와 회의는 계속되었고, 그 와중에 학교 수업과 과제 제출도 놓칠 수 없었다.

　아내는 낯선 환경에서 혼자 육아를 감당해야 했다. 아이는 밤마다 자주 깼고, 우리는 하루에 서너 시간밖에 자지 못했다. 결국 지쳐 있던 우리는 사소한 말에도 상처를 받고 크게 다투기도 했다. 돌이켜보면 결혼 후 가장 큰 위기였다.

## 사랑은 기술이다

당시 섬기던 교회의 담임목사님이셨던 강준민 목사님이 추천해주신 책이 에리히 프롬(Erich Fromm)의 《사랑의 기술》이었다. 그 책을 통해 한 가지 중요한 사실을 깨달았다. 연애 초기에 불타오르던 감정은 많이 사라졌지만, 감정이 줄었다고 사랑이 사라진 건 아니었다. 나는 여전히 아내를 사랑했다. 다만 그 사랑을 표현하는 방법을 배우지 않았을 뿐이었다.

프롬은 "사랑은 기술이다. 배우고, 연습하고, 훈련해야 한다"라고 말했다. 나는 그전까지 사랑을 '자연스럽게 흘러나오는 감정'으로만 생각했다. 그러다 보니 '내가 이만큼 했으니, 당신도 이만큼 해줘야 한다'라는 거래적 태도를 가졌다.

그 책을 읽으며 비로소 깨달았다. 사랑은 조건이 맞아서 지속되는 게 아니다. 사랑은 의지와 결단, 배움 속에서 깊어진다.

'사랑이 기술'이라는 관점을 가지면, 사랑에 대한 태도가 달라진다. 사랑도 연습과 훈련이 필요하다. 축구선수가 슈팅 훈련을 하듯이 우리도 사랑을 훈련해야 한다. 사랑이라는 기술을 갈고 닦아야 한다. 물론 여기서 말하는 사랑의 훈련은 세상적 기술을 훈련하는 것과 다르다. 사랑은 성령의 훈련이다.

사랑의 중심은 '상대'보다 '나의 태도'에 있다. 누구를 사랑하느냐보다 어떻게 사랑하느냐가 더 중요하다. 사랑을 '올바른 대상을 찾는 일'로만 생각하면, 사랑은 감정의 문제에 머물게 된다. 내가 올바른 대상을 찾지 못했기에 사랑하지 못한다고 생각한다. 그러나 예수님은 원수도 사랑하라고 말씀하신다.

사랑은 감정이 넘칠 때만 가능한 것이 아니다. 사랑하기로 선택하는 순간부터 시작된다. 그림을 잘 그리려면 어떤 캔버스를 쓰느냐보다 그림을 그리는 사람의 손과 눈과 연습이 중요하다. 사랑도 상대가 완벽해서 지속되는 게 아니라 내 마음이 성숙해지고 그릇의 크기가 커질수록 깊어지는 것이다.

때로는 상대가 변하지 않아 사랑이 어렵게 느껴질 때도 있다. 솔직히 나도 '아내가 변하게 해주세요!'라는 기도를 하곤 했다. 하지만 사랑에 있어서 근본적인 문제는, 상대가 어떤 사람이냐보다 내가 얼마나 사랑할 줄 아는 사람으로 성장했느냐에 있다.

누군가를 사랑한다는 것은 완벽한 대상을 찾는 일이 아니다. 사랑은 불완전한 사람을 새로운 눈으로 바라보는 일이다. 사랑은 조건에서 시작되지 않는다. 내 안에서 길러지는 능력이다. 그래서 사랑은 대상을 바꾸려 하기보다 그 대상을 바라보는 나의 눈을 바꾼다.

### 사랑의 훈련

우리의 노력과 힘만으로는 아무리 사랑하려고 해도 사랑하기 쉽지 않다. 사랑은 밖에서 끌어오는 자원이 아니다.

성경은 사랑을 "하나님의 사랑이 우리 마음에 부은 바 됨이니"(롬 5:5)라고 말한다. 사랑은 '내가 만들어내는 것'이 아니라 하나님이 우리 안에 이미 부어주신 사랑을 깨닫고 흘려보내는 능력이다. 그래서 사랑의 기술은 자기계발이 아니다. 더 열심히 마음을 다잡고, 감정을 다스리는 비법이 아니다. 하나님의 은혜에 반응하는 훈련이다.

우리가 사랑을 훈련할 수 있는 방법들이 있다. 바로 기도와 말씀과 공동체다. 기도는 하나님의 사랑의 리듬에 호흡을 맞추는 연습이다. 말씀은 사랑의 언어를 배우는 시간이다. 공동체는 그 사랑을 실제로 살아보는 공간이다.

## 사랑을 유지하는 방법 : 머무름

사랑은 '머무는 것'이다. 포도나무에 붙은 가지가 열매를 맺듯이, 우리가 하나님 안에 머물 때 사랑이 자란다. 그때 고린도전서 13장의 사랑의 성품(오래 참음, 온유함 등)은 자연스럽게 드러나는 '열매'가 된다.

예수님이 말씀하셨다.

아버지께서 나를 사랑하신 것같이 나도 너희를 사랑하였으니 나의

사랑 안에 거하라 … 내 계명을 지키면 내 사랑 안에 거하리라

요 15:9,10

사랑을 받는 데는 노력이 필요하지 않다. 더 많이 기도한다고 하나님이 사랑을 더 주시는 게 아니다. 더 오래 봉사한다고 사랑을 '얻는' 것도 아니다.

하나님의 사랑은 선물이다. 우리의 사랑은 이미 '받은' 사랑으로 시작한다. 하지만 사랑을 살아내기 위해서는 연습이 필요하다. 사랑의 훈련은 대가가 아니라 사랑의 응답이다. 우리가 사랑할 수 있는 이유는 오직 한 가지다.

우리가 사랑함은 그가 먼저 우리를 사랑하셨음이라 요일 4:19

이제 중요한 질문이 남는다.

"하나님의 사랑을 받은 사람은 그 사랑을 어떻게 살아낼 것인가?"

## 사랑은 의지다

사랑은 하나님이 우리에게 먼저 부어주신 은혜에서 시작된다. 하지만 그 사랑이 실제 삶에서 드러나려면, 우리의 선택과 의지

도 필요하다. 그래서 사랑은 의지이자 약속이다.

하나님의 사랑이 사랑의 '근원'이라면, 우리의 의지는 그 사랑을 '살아내는 길'이다. 사랑은 '오늘도 너를 사랑하겠다'라고 다시 선택하는 것이다. 감정은 매일 달라지지만, 선택은 계속될 수 있다.

사랑하는 사람이라도 매 순간 좋기는 힘들다. 때로는 서운하고, 밉고, 이해되지 않을 때도 있다. 정말 꼴 보기 싫을 때도 있다. 그런데도 우리는 사랑하기로 선택할 수 있다. 이 선택이 바로 사랑이다.

하지만 이 결심을 우리가 스스로 만들어낼 수 있는 것은 아니다. 사랑을 선택할 힘조차 하나님이 주신다. 그래서 사랑은 언제나 은혜에 기대어 살아가는 것이다.

십자가는 그 사실의 가장 분명한 증거다. 십자가를 바라보면, 사랑이 어디까지 갈 수 있는지, 무엇을 내어줄 수 있는지, 어떻게 끝까지 머물 수 있는지가 드러난다. 십자가는 우리가 어떤 사랑을 보여야 하는지를 가르쳐준다.

사랑의 기술은 이미 하나님이 주신 사랑을 기억하고, 그 사랑에 반응하며 살아가는 삶이다. 사랑은 억지로 만드는 것이 아니라, 하나님의 사랑 안에 머물 때 자연스럽게 흘러나온다. 십자가를 바라볼 때 우리가 실천해야 할 사랑이 보인다.

## 사랑은 소유가 아닌 존재다

"성숙한 사랑은 '소유'가 아니라 '존재'다."

에리히 프롬의 말이다. 우리가 사랑을 '가지는 것'으로 오해하면 관계는 금방 식는다. 소유는 확보와 유지에 초점이 있다. 갖는 순간 안심하고, 갖고 난 뒤에는 노력도 줄어든다.

물건도 똑같다. 나는 코로나 시절에 풀업바를 무척 사고 싶었다. 집에서 매일 운동하리라 다짐하며 아내를 간신히 설득하고, 한 달 넘게 찾아보고 고민해서 결국 하나를 샀다. 하지만 그 풀업바는 얼마 지나지 않아 옷걸이가 되었다. 갖기 전에는 간절하지만, 소유하고 나면 관심은 금세 식는다.

관계도 마찬가지다. 관계에 소유의 논리가 들어오면 '얻기 전의 노력'은 사라지고 '유지하려는 감정'만 남는다. 많은 부부가 결혼 후, 위기를 겪는 이유도 여기 있다. 연애 때와 다르다며 섭섭해한다. 상대의 감정이 예전 같지 않다며 실망한다. 혹은 상대방을 내가 원하는 모습으로 바꾸려 한다.

하지만 성숙한 사랑은 다르다. 상대의 존재를 있는 그대로 존중한다. 그 사람이 성장하도록 지속적 관심과 세심한 수고를 기울인다.

결혼 후에 연애 때의 감정이 사라질 수도 있다. 더 이상 두근거림이나 설렘이 없을 수도 있다. 그렇다고 사랑이 아닌 것은 아니다. 사랑의 형태가 달라졌을 뿐이다. 사랑은 감정이 아니라 의지다. 성숙한 사랑은 배우자라는 존재를 의지적으로 사랑한다.

의지는 사랑을 딱딱하게 만들지 않는다. 오히려 사랑을 오래가게 만든다. 의지적 사랑은 정원사를 닮았다. 아침마다 물을 주고, 마른 잎을 손질하고, 꽃이 피지 않는 날에도 뿌리를 돌본다.

결혼은 두근거림이 끝났다는 뜻이 아니다. 매일 선택하는 사랑이 시작되었다는 뜻이다. 의지적 사랑은 낭만의 끝이 아니라 낭만을 지켜내는 기술이다. 오늘도 작은 선택 하나로 "나는 너를 사랑하겠다"라고 말하는 것이다. 상대를 바꾸려 하기보다, 그 사람의 고유함을 존중하고 자라날 수 있도록 곁에 있어주는 것이다.

가수 선은 "결혼은 원석과 원석이 만나 서로 깎이며 보석이 되어 가는 과정입니다"라고 표현했다. 결혼은 완성된 사람들의 만남이 아니다. 함께 성장해가는 여정이다. 서로를 더 나은 사람으로 만들도록 서로의 '존재'를 사랑하는 것이다.

이 원리는 결혼뿐 아니라 모든 관계에 적용된다. 부모와 자녀, 친구, 공동체 안에서도 우리는 서로를 성장시킨다. 서로 다른 사람들이 만나 부딪히고, 맞춰가고, 이해하려고 노력하는 순간들 속에서 사랑은 더 깊어진다. 상대를 바꾸려 하기보다 그 사람이 가진 고유함을 인정하고 받아들이는 과정이 우리 자신을 더 넓고 깊은 사람으로 만든다.

　누군가를 있는 그대로 존중할 때 그 관계는 자라기 시작한다. 사랑은 완벽한 사람을 찾는 일이 아니라 불완전한 사람과 함께 성장해가는 여정이다.

　사랑이 소유가 아니라 존재로 깊어질 때, 그 사랑은 자연스럽게 흘러가기 시작한다.

## 묵상 질문

**1** 나는 사랑을 '감정'으로만 여겨서 포기한 적이 있었는가?

**2** 요즘 내 사랑은 '하나님께 머무는 훈련' 속에서 자라고 있는가?

**3** 사랑을 '소유'로 착각한 관계는 없었는가? 그 사람을 '존재'로 다시 사랑하려면 무엇이 필요할까?

**4** 내가 받은 사랑을 흘려보낼 수 있는 구체적인 '줌의 자리'는 어디일까?

# 사랑은 분별력이다

처음 글로벌꿈의교회에서 담임 사역을 시작했을 때, 성도를 위해서라면 나는 무엇이든 해야 한다고 생각했다. 섬김은 한계 없이 베푸는 것이라고 믿었다. 그래서 교회에서 가장 힘들어하고, 가장 상처받은 성도들에게 시간을 아끼지 않았다. 전화가 오면 새벽이라도 달려갔고, 상담이 길어지면 다른 일정은 뒤로 미뤘다. 문제는 그렇게 할수록 다른 성도들을 돌볼 시간과 에너지가 빠르게 줄어든다는 것이었다.

## 관계를 분별하라

그러던 어느 날, 한 여성 성도가 나에게 부탁을 했다. 한 달 동안 여행을 가는데, 집에 있는 화분에 물을 줄 사람이 필요하다는 것이었다. 나는 그 부탁을 들어주기 위해 아내와 함께 일주일에 한 번씩 그 집에 가서 화분에 물을 주었다.

그 일을 다른 성도에게 이야기했을 때, 이런 질문을 들었다.

"전도사님, 그런 부탁까지 들어주셔야 해요?"

그 질문을 듣는 순간, 내 마음에도 같은 질문이 생겼다.

'사랑한다면 어디까지 섬겨야 할까?'

나는 다시 돌아가도 그 부탁을 들어주었을 것이다. 그때의 마음은 진심이었고, 섬김도 소중했다.

하지만 시간이 지나면서 깨달은 것이 있다. 에너지와 시간에는 한계가 있다. 모두 사랑하지만, 모두에게 똑같이 투자할 수는 없다. 내 에너지와 시간에는 한계가 있다. 한 사람에게만 쏟는 것은 지혜가 아니라는 것을 깨달았다.

관계에는 분별이 필요하다. 이 말은 사람을 차별하라는 뜻이 아니다. 지혜롭게 사랑하고, 지혜롭게 섬기고, 지혜롭게 경계를 세우라는 의미다.


### 싫어하는 사람과의 관계

우리는 때때로 "예수님이 모든 사람을 사랑하라 하셨으니 모두와 친밀하게 지내야 한다"라고 오해한다. 원수와도 친밀해야 한다고 생각하는 것이다. 물론 우리는 모든 사람을 사랑해야 한다. 하지만 그 의미가 모두와 친밀하게 지내야 한다는 것은 아니다. 사랑과 친밀함은 다르다.

예수님은 모든 사람을 사랑하셨지만, 모든 사람과 친하게 지내지는 않으셨다. 예수님은 관계를 분별하셨고, 가르침과 시간을 써야 할 대상에 집중하셨다.

우리는 원수까지 사랑해야 한다. 하지만 원수와 가까이 지낼 필요는 없다. 멀리서 기도해도 사랑이다. 사랑은 거리를 두지 않는 것이 아니라 필요한 거리를 지킬 줄 아는 것이다.

성경은 "할 수 있거든 너희로서는 모든 사람과 더불어 화목하라"(롬 12:18)라고 한다. 그러면서 동시에 이렇게 권면한다.

노를 품는 자와 사귀지 말며 … 그의 행위를 본받아 네 영혼을 올무에 빠뜨릴까 두려움이라 잠 22:24,25


## 다섯 종류의 사람

고든 맥도날드(Gordon MacDonald)는 《영적인 열정을 회복하라》(Restoring Your Spiritual Passion)에서 "우리의 영적 열정은 사람들과의 관계 속에서 자라기도 하고, 소모되기도 한다"라고 말하며 사람을 다섯 부류로 나누었다.

1. 열정을 불붙이는 사람(VRP, Very Resourceful People)

   우리의 믿음을 일깨우고, 영적 에너지를 채워주는 사람들이다.
   이들과의 만남은 은혜의 통로다.

2. 함께 사역하는 사람(VIP, Very Important People)

   같은 비전과 방향으로 나아가는 사람들이다. 이들은 함께 짐
   을 나누는 믿음의 동반자다.

3. 성장하려는 사람(VTP, Very Trainable People)

   배우고 변화하기를 갈망하는 사람들이다. 그들의 순수한 열정
   은 우리에게도 신선한 도전을 준다.

4. 그냥 좋은 사람(VNP, Very Nice People)

   함께 있으면 편하지만, 사명의 방향은 조금 다를 수 있다. 그
   들을 사랑하되, 지나친 기대는 내려놓아야 한다.

5. 에너지를 빼앗는 사람(VDP, Very Draining People)

   그들은 늘 불평하거나, 의존적이거나, 타인의 열정을 흡수한
   다. 그들을 미워하지는 않지만, 경계가 필요하다. 때로는 거리
   를 두는 것이 그들을 위한 사랑이기도 하다.

우리는 이 다섯 부류 모두를 사랑해야 한다. 하지만 모두에
게 똑같은 시간을 투자할 필요는 없다. 예수님도 군중을 만나
고 그들을 사랑하셨다. 하지만 그중에도 예수님은 열두 제자를
택하시고 그들과 시간을 보내셨다. 열두 제자 중에서도 세 명

(베드로, 야고보, 요한)과 더 깊이 교제하셨다. 예수님의 사랑은 무차별적이었지만, 관계는 분별적이었다.

사랑은 모든 사람을 향한다. 하지만 사랑을 지키기 위해 때로는 거리가 필요하다. 그 거리는 냉정함이 아니라 더 깊은 사랑이다. 그래서 때로는 "노"(No)라고 말할 수 있어야 한다.


## 사랑으로 자리를 분별하라

사랑은 옳은 것과 그른 것을 가려내는 힘이다. 사랑은 하나님의 시선으로 보는 눈을 갖게 한다. 그래서 자리를 분별한다. 어리석은 청년은 유혹의 자리를 피하지 못하고 스스로 죄의 길로 걸어간다(잠 7장). 죄는 사람들이 보지 않는 곳, 어둡고 숨겨진 곳에서 자란다. 지혜로운 사람은 자신이 있어야 할 자리와 피해야 할 자리를 안다. 가고 싶은 자리가 아니라, 가야 할 자리를 선택한다.

한 집사님이 회사에서 중요한 해외 프로젝트를 맡게 되었다. 출장지에 도착한 날, 동료들이 "고생했으니 오늘은 좀 즐기자"라며 유흥업소로 향했다. 그는 처음엔 거절했지만, 분위기에 밀려 결국 그 자리에 따라갔다. 그 순간 마음속에서 한 음성이 들렸다.

'네가 있어야 할 자리가 거기냐?'

그는 그 말이 너무 선명하게 들려서 그대로 밖으로 뛰쳐나와 새벽 공기 속에서 한참을 울었다. 그는 나중에 "그날 저는 회개하며 깨달았습니다. 유혹은 싸워서 이기는 게 아니라, 피하는 것입니다"라고 간증했다.

지혜로운 사람은 피해야 할 자리를 안다. 유혹을 이기는 가장 좋은 방법은 유혹의 자리를 피하는 것이다. 술자리를 피하는 것이 술을 이기는 것이고, 죄의 자리를 멀리하는 것이 거룩을 지키는 길이다.

나도 사역할 때 담임목사님이 정해주신 규칙이 있었다. 여자 사역자와 함께 이동해야 할 때는 앞자리가 아니라 뒷자리에 태우라는 것이었다. 가능하면 단둘이 이동하지 말되, 불가피할 때는 반드시 거리를 두라는 원칙이었다. 그 규칙은 서로를 보호하기 위한 지혜였다. 우리는 누구나 연약하다. 그래서 유혹을 이길 자신을 믿기보다, 유혹의 자리 자체를 피하는 것이 더 큰 지혜다.

그리스도인은 유혹의 자리 대신 예배의 자리를 택한다. 세상의 소리보다 하나님의 말씀을 가까이해야 한다. 사람들의 인정보다 주님의 시선을 구해야 한다. 자리를 분별하는 것이 곧 사랑이다. 사랑은 나를 지키고, 다른 사람을 지켜주는 울타리다.


## 사랑은 죄를 용납하지 않는다

한 사람이 질문했다.

"하나님은 사랑이신데, 왜 죄인들에게 내리는 처벌은 그렇게 무겁습니까?"

하나님은 분명 사랑의 하나님이시다. 그러나 동시에 공의의 하나님이시다. 죄에 대한 대가는 반드시 치러져야 한다. 그래서 하나님은 그 대가를 우리 대신 예수님에게 지우셨다. 우리의 죄가 사라진 것이 아니라, 예수님께서 그 값을 대신 지불하신 것이다. 십자가는 하나님의 사랑과 공의가 동시에 드러난 자리다. 공의 없는 사랑은 값싼 감정이 되고, 사랑 없는 공의는 냉혹한 심판이 된다. 하나님의 사랑은 이 두 가지를 완벽히 품고 있다.

사랑은 죄와 죄인을 구별하는 눈을 갖게 한다. 죄를 드러내면서도 죄인을 품는 것이 하나님의 사랑이다. 이 사랑이 바로 우리가 따라야 할 분별의 사랑이다. 사랑이 없는 분별은 비판이 되지만, 사랑이 있는 분별은 치유가 된다.

## 사랑은 때를 분별한다

사랑은 단순히 무엇을 할지 아는 지혜에 그치지 않고, 그것을 언제 해야 할지를 아는 지혜다. 사랑은 말의 타이밍, 행동의 타이밍, 기다림의 타이밍을 분별한다.

범사에 기한이 있고 천하 만사가 다 때가 있나니 전 3:1

사랑에도 때가 있다. 서두르는 사랑은 아직 익지 않은 과일과 같다. 단단하고 신맛이 나며, 결국 관계를 망친다. 너무 늦은 사랑은 시든 꽃처럼 기회를 놓쳐버린다. 사랑은 기다릴 줄 알아야 한다. 사랑은 성급하지 않고, 사랑은 오래 참고, 사랑은 타이밍을 안다.

심리학자 게리 채프먼은 "사랑은 말의 내용보다 타이밍이 훨씬 중요하다. 때로는 옳은 말도 잘못된 때에 하면 상처가 된다"라고 말했다.

어느 날, 말을 듣지 않는 딸에게 화내는 아내를 보며 말했다.

"여보, 화 좀 내지 마."

말 자체는 틀리지 않았다. 하지만 타이밍이 완전히 잘못됐다. 이미 감정이 올라온 순간에 "화내지 마"라고 말하면, 조언이 아니라 비난처럼 들린다. 지혜는 감정이 가라앉은 후 따로 조용히 말하는 것이다. 옳은 말도 때를 놓치면 상처가 되고, 따뜻한 말도 타이밍을 잃으면 차갑게 들린다.

경우에 합당한 말은 아로새긴 은 쟁반에 금 사과니라 잠 25:11

사랑의 말은 옳은 말보다 때에 맞는 말일 때 힘을 가진다. 예수님은 언제나 때를 분별하셨다. 가나 혼인잔치에서 예수님의 어머니 마리아가 "지금 포도주가 떨어졌다"라고 말했을 때, 예수님은 "내 때가 아직 이르지 아니하였나이다"(요 2:4)라고 하셨다.

마리아는 지금 당장 기적을 원했다. 포도주가 떨어졌으니 상황은 급박했고, 사람들의 시선도 불안했을 것이다. 그러나 예수님은 사람의 요청이나 분위기에 휘둘리지 않으셨다.

예수님의 사랑은 조급하지 않았다. 상대의 불안함에 무작정 끌려다니는 사랑이 아니었다. 사랑이라는 이유로 '당장' 해주지 않았다. 예수님의 사랑은 때를 분별하는 사랑, 하나님의 타이밍을 따라 움직이는 사랑이었다.

사랑은 '무조건 지금'이 아니라 하나님의 뜻이 이루어지는 때를 위해 기다릴 줄 아는 것이다. 사랑은 때를 분별하는 지혜다. 기다려야 할 때 기다리고, 멈춰야 할 때 멈추는 것이 사랑이다. 하나님의 사랑은 조급하지 않다. 성급함은 상처를 만들지만, 기다림은 사랑을 성숙하게 한다.

그분의 사랑은 완벽한 때에, 완전한 방법으로 나타난다.

때가 차매 하나님이 그 아들을 보내사… 갈 4:4

하나님의 사랑은 우연히 오지 않았다. 하나님은 가장 필요한 순간에, 가장 완전한 사랑을 보내셨다. 그래서 참된 사랑은 언제나 하나님의 때를 따른다.

## 묵상 질문

1 나는 지금 사랑을 이유로 피로해진 관계를 억지로 붙잡고 있지는 않은가?

2 모든 사람을 사랑해야 한다는 말과, 모든 사람과 친밀해야 한다는 생각을 혼동하고 있지 않은가?

3 하나님께서 나에게 주신 '머물러야 할 자리'와 '떠나야 할 자리'는 어디인가?

4 나는 죄를 미워하지만 죄인을 여전히 사랑하고 있는가?

# 사랑은 경계를 긋는 것이다

초등학교 시절, 짝꿍과 다투면 책상에 선을 그어놓고 말했다.

"이 선 넘어오지 마. 여긴 내 자리야. 넘어오면 다 내 거야"

그 선은 단순히 공간을 나누는 것이 아니었다. 나의 자리를 확인시켜주는 선이었다. 짝꿍이 그 선을 함부로 넘어오면 싸움이 일어났고, 그 선을 지키면 싸움은 일어나지 않았다. 별것 아닌 선 하나였지만 그 선은 싸움을 막아주는 경계선이었다.

## 사랑은 경계에서 시작된다

사랑도 그렇다. 사람들은 흔히 사랑을 무조건적인 포용이라고 생각한다. 다 받아주고, 다 허용하고, 다 이해해주는 것이 사랑이라고 말한다. 하지만 사랑은 그렇게 단순하지 않다. 참된 사랑은 오히려 경계를 긋는 것이다. 사랑이 경계 없이 흘러넘치면 방종이 된다. 그리고 방종은 결국 관계를 파괴한다.

발달심리 연구에서도 "무조건적 포용은 따뜻해 보이지만, 실제로는 책임과 변화의 동기를 약화시킬 수 있다"라고 말한다. 상대가 잘못된 행동을 반복할 때마다 조건 없이 받아주면, 그는 자기 행동을 고칠 필요가 없다고 느낀다. 잘못된 행동이 방치된다. 무조건적 포용이 친절로 시작했지만, 결국 상대의 성장을 막고 관계를 불균형하게 만든다.

유명한 영화 대사가 떠오른다.

"호의가 계속되면 권리인 줄 알아요!"


## 경계는 성장의 울타리다

부모가 아이를 키울 때 무조건 '오냐 오냐' 해주기만 하면 결국 버릇이 나빠진다. 처음에는 다 받아주고 다 포용해주는 것이 사랑처럼 보인다. 하지만 규율을 배우지 못한 아이는 자기만 아는 사람으로 자라게 된다. 세상은 자기 뜻대로만 돌아가지 않는데, 경계 없이 자란 아이는 좌절을 견디지 못하고 쉽게 무너진다.

사랑은 단순한 포용이 아니라, 때로 '안 된다'라는 경계를 알려주는 것이다. 규율은 아이를 억누르기 위한 게 아니라, 그 아이가 더 건강하게 성장하도록 돕는 울타리다. 제한이 있어야 책임을 배우고, 거절이 있어야 진짜 자유를 배운다.

경계를 긋는 것은 밀어내는 것이 아니다. 나와 상대를 보호하는 것이다. 나와 상대방의 관계를 보호해준다. 경계 없는 사랑은 오래가지 못한다. 경계가 있어야 친밀감이 더 깊어진다. 거리를 지킬 줄 아는 사이만이 서로를 존중할 수 있다. 사랑은 존귀히 여기는 태도를 바탕으로 한다. 그래서 사랑은 반드시 지켜야 할 선을 필요로 한다.


## 하나님이 세우신 경계

하나님은 세상을 창조하실 때부터 경계선을 그으셨다. 바다와 땅을 나누셨고, 하늘과 땅 사이에 구분을 두셨다. 경계가 있었기에 세상에 질서가 생겼다. 하나님은 창조의 마지막 날, 그 모습을 바라보시며 "보시기에 심히 좋았더라"(창 1:31)라고 선언하셨다. 질서가 있는 세계, 경계가 세워진 세계가 하나님 보시기에 아름다운 세계였다.

경계는 하나님의 보호하심이다. 하나님께서 정하신 선은 억누르기 위함이 아니다.

인간에게도 하나님은 경계를 주셨다. 하나님은 아담과 하와에게 에덴동산의 풍성함을 모두 허락하시면서 단 하나의 제한만 두셨다.

"선악을 알게 하는 나무의 열매는 먹지 말라."

어릴 때 나는 선악과를 만드신 하나님을 원망했다. 왜 선악과를 만드셔서 우리가 이렇게 고통받아야 하는지 의문이었다.

하지만 선악과는 단순히 '하지 말라'는 명령이 아니었다. 하나님께서 인간을 보호하기 위한 선이었다. 하나님이 하나님 되심을 알라는 경계였다. 인간이 하나님의 자리를 넘본다면 그것은 선을 넘는 일이다. 파멸의 길이다.

하나님께서 선악과를 만드신 이유는 인간이 경계 안에서 자유와 풍요를 누리게 하기 위함이다. 선악과는 하나님과의 관계를 지켜주는 울타리였다. 아담과 하와가 이 경계를 넘었을 때 죄가 인류에 들어오게 되었다. 경계를 넘어선 불순종이 모든 고통의 시작이었다.

오늘도 하나님은 우리에게 경계를 주신다. 말씀의 경계, 양심의 경계, 공동체 안에서의 경계. 이는 우리의 자유를 억누르기 위한 것이 아니다. 우리를 붙잡아주는 난간이다. 어린아이가 난간 없는 높은 곳을 뛰어다닌다면 부모는 그 아이를 붙잡아 못 뛰게 할 것이다. 마음대로 뛰도록 두는 자유는 곧 위험이다.

하지만 난간이 있을 때 어린아이는 마음껏 뛰놀 수 있다. 하나님의 경계는 우리를 묶는 쇠사슬이 아니다. 우리를 안전하게 지켜주는 울타리다.

## 경계는 자유를 만든다

아이를 재운 뒤 아내와 함께 가끔씩 OTT를 보는 것이 일상의 작은 낙이다. 문제는 볼 것이 너무 많다는 데 있다. 수많은 영화와 드라마가 있지만, 정작 마음에 쏙 드는 것을 고르기까지 시간이 제법 걸린다. 삼십 분을 훌쩍 넘기기도 한다. 역설적이게도, 너무 많기에 고르기가 더 어렵다. 옵션이 많으면 좋을 것 같지만, 오히려 더 힘들다.

삶도 그렇다. 우리는 종종 무한한 선택지가 자유라고 착각한다. 그러나 끝없는 가능성은 우리를 지치게 하고 불안하게 만든다. 반대로 경계가 있을 때, 비로소 우리는 진짜 자유를 누린다. 제한이 우리를 옭아매는 것이 아니라 오히려 살려주는 것이다.

기차가 철로 위를 달릴 때 가장 빠르고 안전하다. '선로'라는 경계가 없으면 기차는 어디로도 갈 수 없다. 결국 탈선할 뿐이다. 인생도 마찬가지다. 정해진 선 위에서 가장 아름답다. 경계는 억압이 아니다. 경계는 자유다. 경계는 우리를 막는 줄이 아니다. 끝내 목적지에 도달하게 하는 길이다.

## 경계는 존중이다

사랑은 무례히 행하지 않는다(고전 13:5). 우리는 존중하는 대상 앞에서는 함부로 말하거나 행동하지 않는다. 일정한 선을 지키는 것은 상대를 귀하게 여긴다는 표현이다. 아무리 가까운 사이라 해도 함부로 대하는 순간, 그 관계는 금세 금이 가기 시작한다. 존중 없는 친밀함은 오래가지 못한다.

사랑에는 반드시 지켜야 할 선이 있다. 경계 없는 친밀함은 결코 건강하지 않다. 오히려 적절한 거리를 존중할 때 사랑은 더 깊어진다.

돌이켜보면 우리가 가장 큰 상처를 주고 받는 대상은 대개 가장 가까운 사람이다. 부모와 자식, 형제와 자매, 부부와 연인 사이에서 더 날카로운 말이 오간다. 친밀하기 때문에 더 함부로 대하기 쉽다. 모르는 사람의 말은 쉽게 잊히지만, 사랑하는 사람의 말은 마음 깊은 곳에 남아 오래 상처를 남긴다.

경계를 지킨다는 것은 상대를 존귀하게 여긴다는 뜻이다. 그 사람의 가치를 인정하고 소중히 다룬다는 의미다. 사랑은 존중 위에서만 온전히 피어난다. 경계가 없는 사랑은 금세 지쳐버린다. 존중의 경계를 가진 사랑이 오래 지속된다.

## 경계는 정체성을 지킨다

성경 속 이야기들도 이것을 보여준다. 룻은 보아스의 밭에서 이삭을 줍지만, 결코 선을 넘지 않는다. 자신에게 허락된 것 이상을 바라지 않는다. 보아스 또한 룻을 돌보며 친절을 베풀되, 그녀를 함부로 대하지 않는다. 존중의 거리를 지킨다. 결국 그 경계 안에서 두 사람은 하나님 앞에 존귀한 관계로 서게 된다.

침례(세례) 요한은 광야에서 하나님의 말씀을 외쳤다. 당시 유대 사회에서 그의 영향력은 대단했다. 수많은 사람이 그를 선지자로 존경했고, 어떤 이들은 요한이 혹시 메시아가 아닐까 생각하기도 했다(요 1:19,20).

이쯤 되면 요한이 얼마든지 경계를 넘어설 수 있었다. 사람들의 시선과 존경을 이용해 자신을 메시아로 포장할 수도 있었다. 그러나 그는 단호히 말했다.

"나는 그리스도가 아니라 … 나는 그의 신발 끈을 풀기도 감당하지 못하겠노라"(요 1:20,27).

경계는 정체성을 지키는 것이다. 요한은 자신의 정체성을 분명히 알고 있었다. 그는 빛이 아니라, 빛에 대해 증언하기 위해 보냄을 받은 자였다(요 1:8). 이 경계를 넘어가지 않았기에 요한은 진짜 선지자이자 하나님 앞에 신실한 증인으로 남을 수 있었다. 경계를 지킴으로써 오히려 더 큰 자유를 누렸고, 자신을 통해 드러나야 할 분이 누구인지 선명하게 밝혔다.

우리도 정체성을 지켜야 한다. 그리스도인에게 정체성은 '하나님이 나를 누구로 부르시는가'를 아는 것이다. 이 부르심을 잃으면 남들이 만들어주는 기준에 흔들리게 된다.

경계는 이 정체성을 보호한다. 내가 누구인지 알 때 내가 아닌 것에 흔들리지 않는다. 경계를 넘어 '다른 사람이 되려고' 애쓰지 않는다.


## 내면의 경계를 세우라

오늘날 우리는 정보의 홍수 속에서 산다. 원하지 않아도 수많은 뉴스, 영상, 소셜미디어 속 자극과 비교에 노출된다. 내면의 경계가 없으면 세상의 가치관이 마음을 점령해버린다. 그러면 내면은 혼란과 무질서로 무너진다.

한때 나는 잔인한 영화나 스릴 있는 영화를 즐겨 보았다. 보는 동안에는 재미있고 긴장감이 있었지만, 어느 순간부터 그 장면들이 마음에 오래 남아 불편함을 주기 시작했다. 영화가 끝났는데도 폭력적인 장면이 계속 떠올라 괴로웠다. 즐거움이라고 생각했지만, 사실은 내 안에 어두운 그림자를 남기고 있었다. 그래서 이제는 가능한 한 내 안에 선한 것, 좋은 것으로 채우려 한다.

좋은 것으로 내면을 채움으로써 경계를 그어야 한다. 내면을 하나님으로 채우지 않으면 세상의 염려와 유혹이 빈틈을 파고든다.

무엇에든지 참되며 무엇에든지 경건하며 무엇에든지 옳으며 무엇에든지 정결하며 무엇에든지 사랑받을 만하며 무엇에든지 칭찬받을 만하며 무슨 덕이 있든지 무슨 기림이 있든지 이것들을 생각하라 빌 4:8

내면을 지키는 방법은 하나님이 기뻐하시는 것, 즉 선하고 아름다운 것으로 내 마음을 채우는 것이다. 그것이 곧 경계다. 경계를 세운다는 것은 단순히 어떤 것을 거절하는 것이 아니라, 더 좋은 것으로 내 안을 채우겠다는 결단이다.

구체적으로 경계를 세우는 방법 네 가지가 있다.

첫째, 말씀의 경계를 세운다. 매일의 말씀 묵상은 세상의 가치가 아닌 하나님의 기준으로 마음을 지키게 한다.

둘째, 시간의 경계를 세운다. 무분별한 미디어 소비 대신, 기도와 쉼의 시간을 우선으로 정한다. 시간을 지키는 것이 곧 마음을 지키는 것이다.

셋째, 관계의 경계를 세운다. 사람들과 건강한 거리를 두고, 무례하지 않게 대하며, 존중 속에서 사랑을 키운다.

넷째, 생각의 경계를 세운다. 무엇을 받아들이고 무엇을 거절할지 스스로에게 질문한다.

'이것은 참된가? 덕이 되는가? 하나님 앞에서 유익한가?'

경계를 지키는 것은 결국 내 마음을 어떤 것으로 채울 것인가의 문제다. 하나님으로 채워진 사람은 세상의 유혹에 흔들리지 않는다. 경계 없는 사람은 방황하지만, 경계를 세운 사람은 그 안에서 진정한 자유를 누린다.

## 경계 속에서 하나님을 만난다

하나님은 오히려 제한 속에서 친밀히 만나주신다. '더 크고, 더 많고, 더 높이'를 외치는 삶은 결국 기력과 평안을 고갈시킨다. 그러나 예수님이 말씀하신 하나님나라는 작은 겨자씨, 누룩, 감추인 보화와 같은 비유 속에 담겨 있다. 작음과 제한, 그 안에서 오히려 풍성함이 피어난다. 경계와 한계는 사실 같은 진리를 말한다.

구명조끼는 물속에서 내 자유로운 움직임을 제한한다. 그러나 그 제한은 내 생명을 지켜주고, 더 안전하게 물 위를 떠다니게 한다. 난간은 내 발걸음을 막는 장치가 아니다. 오히려 더 멀리 보고 더 자유롭게 걷게 하는 안전장치다.

신앙의 훈련도 그렇다. 성경 읽기, 말씀 암송, 교회 공동체 안에 거하는 삶은 나를 옭아매는 규칙이 아니라, 집으로 가는 길로 인도하는 밧줄과 같다. 내가 길을 잃지 않도록, 넘어지지 않도록 하나님이 붙잡아주시는 줄이다.

## 경계를 그으라

자기 경계를 소중히 여기는 사람이 다른 사람의 경계도 존중할 수 있다. 내 경계를 무시하는 사람은 결국 남의 경계도 함부로 넘는다. 관계가 깨어지는 지점은 언제나 여기서 시작된다. 경계를 무너뜨리고도 사랑을 유지할 수 있다고 생각하는 건 착각이다. 사랑은 존중 위에 서야 하고, 존중은 반드시 경계를 필요로 한다. 일정한 경계를 지킬 줄 아는 사람만이 관계를 오래 지속할 수 있다.

경계는 성취와도 연결된다. 계속 달려야 하는 삶에서 경계는 멈춤과 쉼의 자리를 마련한다. 그것은 뒤처짐이 아니라 지속을 위한 힘의 비축이다. 마라톤 선수가 중간에 물을 마시고 호흡을 고르는 것처럼, 경계는 다시 달리기 위해 반드시 필요한 구간이다. 경계를 지키는 사람은 건강과 에너지를 보존할 줄 안다. 육체적으로, 정서적으로, 영적으로도 그렇다.

시간의 경계 또한 마찬가지다. 시간을 함부로 쓰는 사람은 결국 자신도 소모하고, 관계도 망가뜨린다. 그러나 시간을 구분해 지키는 사람은 자신을 보호할 수 있다. '이 시간은 내 몸을 돌보는 시간', '이 시간은 하나님께 드리는 시간', '이 시간은 사랑하는 이들과 함께하는 시간'이라고 선을 그을 때, 삶이 흩어지지 않고 단단해진다.

경계 없는 삶은 언뜻 자유로워 보이지만, 결국 방황으로 끝난다. 경계가 있는 삶은 제한처럼 보이지만, 오히려 풍성한 자유를 낳는다. 경계는 우리의 발걸음을 안전하게 인도하는 선이다. 경계는 사랑을 막는 선이 아니라, 사랑을 끝까지 가져가는 길이다.

**묵상 질문**

**1** 나는 지금 사랑이라는 이름으로 내 감정과 신앙을 소진시키는 관계를 억지로 붙잡고 있지는 않은가?

**2** '사랑해야 한다'는 것과 '가까이 지내야 한다'는 것을 혼동하며 상처받고 있지는 않은가?

**3** 하나님이 내게 허락하신 건강한 경계선은 어디인가? 지금 지켜야 할 선은 무엇인가?

**4** 오늘 내 관계 속에서, 사랑을 포기하지 않되 지혜롭게 거리 두어야 할 사람이 있는가?

# 사랑은 용서다

오늘 이 시대를 관통하는 단어 가운데 하나가 '캔슬 컬처'(Cancel Culture)다. 캔슬 컬처는 주로 유명인이나 공적 인물이 논란이 될 만한 발언이나 행동을 했을 때, SNS 등에서 고발과 비판이 쇄도하며 지지·소비·후원을 중단하고 배제하려는 집단적 행동을 뜻한다. 한 사람의 잘못 하나가 드러나는 순간, 그의 삶 전체를 취소해버린다. 심지어 십 년 전, 이십 년 전의 실수를 끄집어내어 무대에서 끌어내리기도 한다.

잘못을 지적하는 것은 필요하다. 하지만 그 잘못 하나로 한 사람 인생 전체를 끝내 버리는 것은 문제다. 당사자뿐 아니라 가족까지 공격당하고, 심지어 어떤 이들은 감당하지 못해 스스로 생을 마감한다.

이 모든 것이 '정의'라는 이름으로 이루어진다. 하지만 그 정의는 때때로 정의가 아니라 '정의 중독'처럼 보인다.

## 교회 안의 캔슬 컬처

안타깝게도 캔슬 컬처가 교회 안에서도 일어나고 있다. 기독교인들에게는 높은 도덕적 잣대가 기준이 된다. 그 기대에 맞지 않으면 비난이 시작된다.

"어떻게 집사님이 저럴 수 있어? 어떻게 장로님이, 권사님이, 목사님이 저럴 수 있어?"

우리는 신앙인에게 엄격한 기준을 들이대며, 기대에 어긋나면 쉽게 돌을 던진다.

내가 제일 듣기 싫었던 말이 "목사 아들이 왜 그래?"였다. 내가 목사도 아닌데 왜 내게 높은 잣대를 들이대는지 이해할 수 없었다. 나뿐만 아니라, 교회 다니는 사람들에게는 유난히 엄격한 도덕적 잣대가 요구되었다.

하지만 예수님은 "너희 중에 죄 없는 자가 먼저 돌로 치라"(요 8:7)라고 하셨다. 그때 사람들은 하나둘씩 돌을 내려놓고 돌아갔다. '나도 죄인이구나'라는 자각이 있었기 때문이다.

하지만 오늘날은 다르다. 너도 나도 돌을 든다. 내가 죄인이라는 자각은 사라지고 오히려 서로를 더 날카롭게 정죄한다. 남에게는 정의를 강요하면서 정작 내게는 관대하다. 이것이 문화가 되었다는 사실이 마음이 아프다.

나도 늘 내 실수를 숨기고 연약함을 덮으려 했다. 그러면서 다른 사람의 실수를 보면 '어떻게 그럴 수 있지?' 하고 정죄부터 했다. 하지만 용서는 내가 완벽해서 하는 게 아니다. 용서는 내가 얼마나 죄인인지 깨달을 때 가능하다.

우리는 드러난 잘못만을 문제 삼지만, 우리 모두 죄인이다. 성경은 말한다.

모든 사람이 죄를 범하였으매 하나님의 영광에 이르지 못하더니 롬 3:23

죄의 문제 앞에서 우리는 모두 동일하다.

## 은혜의 렌즈

나도 용서는 어렵다. 용서에 관해 쓰고 있지만, 솔직히 누군가 내 가족을 깊이 다치게 했다면 그를 쉽게 용서할 수 있을지 모르겠다. 그만큼 용서는 힘들다.

용서가 어려울 때, 나는 십자가를 다시 바라본다. 거기서 예수님은 나를 위해 "아버지 저들을 사하여 주옵소서"(눅 23:34)라고 기도하셨기 때문이다.

사랑은 십자가에서 가장 선명하게 드러났다. 사랑은 말로만 존재하지 않는다. 사랑은 용서로 완성된다. 예수님이 십자가에서 흘리신 피가 내 죄를 덮었다. 내가 하나님께 용서받았다는 사실을 진심으로 깨달을 때, 비로소 다른 사람을 용서할 수 있는 힘을 얻는다.

팀 켈러는 "하나님께 용서받았다는 증거는 다른 사람을 사랑하고 베풀고 용서하는 역량이 자란다는 것이다"라고 말했다. 용서는 어렵다. 하지만 불가능하지 않다. 왜냐하면 우리 안에 이미 그 용서를 가능케 하는 예수님의 사랑이 있기 때문이다. 내 죄를 대신 짊어지신 예수님을 바라볼 때, 그 은혜가 나를 움직인다. 십자가가 우리에게 말한다.

"너도 용서받은 자다. 그러니 너도 용서하라."

용서는 사랑의 끝이 아니라, 사랑의 새로운 시작이다.

베드로가 예수께 물었다.

"주여 형제가 내게 죄를 범하면 몇 번이나 용서하여 주리이까 일곱 번까지 하오리이까"(마 18:21).

예수님의 대답은 단호했다.

"일곱 번뿐 아니라 일곱 번을 일흔 번까지라도 할지니라"(마 18:22).

이 말은 즉, 사랑하라는 의미다. 우리는 사랑하는 자녀를 수백 번, 수천 번도 용서한다. 말 안 듣고, 떼쓰고, 울어도 끝까지 품는다. 하나님도 우리를 그렇게 용서하셨다.

## 가짜 용서와 참된 용서

팀 켈러는《용서를 배우다》에서 세 가지 가짜 용서에 대해 설명한다.

첫째는 값싼 은혜다.

이 모델은 무조건 용서해야 한다고 말하며 실제로 죄를 제대로 다루지 않는다. 가해자의 죄를 직면시키지 않기 때문에 상처는 그대로 남는다. 관계도 회복되지 않는다. 결국 "괜찮아"라는 말로 덮어버리는 허술한 용서다.

둘째는 인색한 은혜다.

가해자가 충분히 사과하고, 충분히 뉘우치고, 어느 정도 대가를 치러야 비로소 용서할 수 있다고 여기는 방식이다. 하지만 이렇게 조건을 걸기 시작하면, 용서는 거래가 된다. 관계는 계속 긴장 속에 머문다.

셋째는 은혜 없음이다.

오직 처벌과 보복만 남아 있는 방식이다. 정의가 필요할 때도 있지만, 용서 자체를 완전히 배제하면 관계는 회복될 수 없다. 상처는 더 깊어지고, 서로에게 돌아갈 길이 사라진다.

참된 용서는 죄를 축소하거나 덮어두는 것이 아니다. 오히려 죄의 더러움과 악의를 있는 그대로 직면한다. 그런데도 상대를 미워함으로 끝내지 않고, 화해와 회복을 향해 나아가는 것이다. 다시 말해, 참된 용서는 죄를 부정하지 않으면서도, 죄보다 더 큰 은혜를 선택하는 행위다.

팀 켈러는 말한다.

"진정한 용서란 죄의 모든 섬뜩함과 더러움과 비열함과 악의까지 똑바로 응시하되, 그럼에도 불구하고 가해자와 온전히 화해한다는 뜻이다."

이것이 가능한 이유는 단 하나, 바로 십자가다. 예수 그리스도께서 우리를 위해 값비싼 희생을 치르셨다. 값없는 은혜를 내가 받았기 때문에 값없이 용서할 수 있다. 예수님의 은혜가 내 마음을 채울 때, 화해의 길을 선택할 수 있다.

예수님의 은혜를 경험하면 깊은 치유가 일어나고, 그 은혜가 우리의 동기를 바꾼다. 용서는 나 자신을 위해서가 아니라, 정의를 위해, 하나님을 위해, 가해자를 위해 그리고 미래의 또 다른 피해자들을 위해 행해진다.

마틴 루터 킹 주니어는 말했다.

"용서할 능력이 없는 사람은 사랑할 능력도 없다. '당신을 용서하겠지만, 더는 당신과 상관하지 않겠다'라고 말해서는 안 된다. 용서는 화해하고 다시 화합한다는 뜻이다."

용서는 약한 자의 행위가 아니라, 도덕적으로 가장 고결하고 강한 자의 행위다. 사랑 없는 용서는 공허하다. 용서 없는 사랑은 오래가지 못한다. 사랑이 깊어질수록 용서가 필요하다.

무엇보다도 뜨겁게 서로 사랑할지니 사랑은 허다한 죄를 덮느니라

벧전 4:8

## 한 여인과 나치의 이야기

코리 텐 붐(Corrie Ten Boom)은 네덜란드의 한 시계공 집안에서 태어난 평범한 여인이었다. 하지만 2차 세계대전이 일어나고 나치 독일이 네덜란드를 점령했을 때, 그녀와 가족은 유대인들을 집에 숨겨주다 발각되었다. 그 일로 온 가족이 체포되었고, 코리와 언니 베치(Betsie)는 악명 높은 라벤스브뤼크 수용소로 끌려갔다.

그곳은 지옥이었다. 추위, 굶주림, 강제노동, 그리고 간수들의 모욕과 폭력. 언니 베치는 끝내 그 고통을 이기지 못하고 수용소에서 죽음을 맞이했다. 코리의 가슴에는 언니를 잃은 상처와 간수들에 대한 분노가 깊이 남아 있었다.

전쟁이 끝난 뒤, 코리는 살아남아 하나님의 사랑과 용서를 전하는 증인이 되었다. 독일의 한 교회에서 설교를 마친 어느 날, 회중 속에서 한 남자가 앞으로 걸어 나왔다. 코리의 눈이 그를 보는 순간, 숨이 멎는 듯했다. 그는 라벤스브뤼크 수용소의 간수 중 한 사람이었다. 언니와 자신을 괴롭히던, 그 얼굴이 분명했다.

남자가 고개를 숙이고 말했다.

"나는 그 수용소의 간수였습니다. 그때 한 짓을 생각하면 너무나 부끄럽습니다. 하지만 이제 예수님이 내 죄를 용서하셨다는 사실을 믿습니다. 오늘 설교를 들으며 다시금 그 은혜를 느꼈습니다. 자매님, 혹시 저도 용서해주시겠습니까?"

그는 손을 내밀었다. 코리의 온몸은 얼어붙었다. 기억이 파도처럼 몰려왔다. 언니의 죽음, 수치와 고통, 분노와 증오. '나는 이 사람을 용서할 수 없다!'라고 속에서 끓어오르는 목소리가 있었다. 그러나 동시에 마음속에 또 다른 음성이 들려왔다.

'코리, 내가 네 죄를 먼저 용서했다. 그러니 너도 용서하라.'

코리는 떨리는 손을 내밀어 그의 손을 잡았다. 그리고 고백했다.

"나는 당신을 용서할 수 없습니다. 그러나 예수님이 내 안에서 당신을 용서하십니다."

그 순간, 설명할 수 없는 하나님의 사랑이 코리의 가슴을 가득 채웠다. 미움과 분노가 녹아내리고, 오직 은혜만이 남았다. 참된 용서는 내가 할 수 없다. 예수님의 사랑으로만 가능하다.


### 사랑은 나를 용서한다 - 죄책감

남을 용서하는 것만큼 나를 용서하는 것도 중요하다. 사도 바울은 하나님의 놀라운 은혜를 경험했다. 그는 젊은 시절에 스데반이 돌에 맞아 죽는 장면을 지켜보았다. 심지어 하나님을 대적하는 삶을 살았다. 그런 그가 하나님의 부르심을 받아 복음을 전하는 사도가 되었다.

　나는 바울이 엄청난 죄책감을 가지고 있었을 것이라고 생각한다. 과거를 후회하며 하나님께 죄송한 마음을 품었을 것이다. 훗날 바울은 실제로 고백했다.

　나는 사도 중에 가장 작은 자라 나는 하나님의 교회를 박해하였으므로 사도라 칭함 받기를 감당하지 못할 자니라 고전 15:9

　하지만 죄책감에 매여 무너지지 않았다. 자신을 용서했다. 하나님이 그를 용서했기 때문이다. 자신의 죄보다 큰 하나님의 은혜를 붙들었다. 과거는 지울 수 없지만, 그 위에 하나님의 사랑이 덮였다. 그 큰 은혜는 바울을 새로운 사람으로 변화시켰다.

　사도 바울은 죄책감을 사명으로 바꾸었다. 그의 과거는 오점이 아니라, 복음의 증거가 되었다. 사람들은 바울의 삶을 보며 하나님의 사랑이 어떤 죄인도 용서할 수 있음을 깨달았다. 바울은 스스로 사도가 될 자격이 없다고 말했지만, 하나님은 그의 과거를 들어 그를 가장 강력한 증인으로 세우셨다. 바울은 과거의 죄로 인해 무너지지 않고, 은혜로 일어난 사람이 되었다.

## 오늘날 그리스도인의 죄책감

그리스도인 중에도 죄책감과 수치심에 시달리는 사람이 많다. 그들은 늘 자신의 과거와 실패, 잘못에 억눌려 있다. '나는 부족하다'라고 생각하는 경우도 많다. 그런 경우, 자기 합리화를 하거나 가면을 쓰고 생활한다. 또는 변명을 하거나 회피한다. 결국, 하나님과 멀어진다.

하지만 예수님이 십자가에서 우리를 위해 하신 일을 깨닫는다면 우리는 자유해진다. 지금 죄책감이 드는 짓을 하지 않았더라도, 원래 우리는 하나님께 받아들여질 수 없는 존재다. 내 힘으로는 안 된다. 누구도 불가능하다. 오직 예수님만 하실 수 있다. 죄책감은 우리를 짓누르지만, 하나님의 사랑은 그 위에 더 큰 힘으로 덮는다. 그리고 그 사랑은 죄책감을 사명으로 바꾸어 우리를 새사람으로 세운다.

죄가 더한 곳에 은혜가 더욱 넘쳤나니 롬 5:20

## 내 죄를 인정하다

우리는 때로 '나'에게 너무 가혹하다. 그 누구보다도 내가 나를 용서하지 못할 때가 있다. 하지만 하나님은 우리를 용서 하셨다. 나를 용서하기 위해선 내 죄를 인정해야 한다. 죄를 변명하거나 축소시키지 않고, 있는 그대로 인정해야 한다. 내 죄를 인정할 때, 비로소 은혜가 얼마나 큰지 알게 된다. 내가 얼마나 추악한 존재인지 직면할 때, 그 자리에 하나님의 크신 은혜가 흘러들어온다. 하나님은 언제나 약한 자, 상한 자, 깨어진 자를 쓰신다. 죄인을 쓰신다.

나는 목사가 되고 싶은 생각이 없었다. 나 같은 사람은 목사를 할 자격이 없다고 생각했다. 거룩한 사람, 신실한 사람만 목사를 해야 한다고 믿었다. 하지만 내 죄보다 하나님의 사랑이 더 컸다.

하나님의 용서를 경험하면 참 놀라운 변화가 일어난다. 받을 자격이 없는 사랑을 받았다는 사실은, 나를 한없이 높여주면서도 동시에 하나님 앞에서는 한없이 낮아지게 만든다.

십자가에서 예수님이 이루신 일을 진심으로 깨닫고 붙잡는 순간, 죄책감과 수치심에서 해방된다. 그러면서 자연스럽게 '주님을 기쁘시게 하고 싶다'라는 마음이 일어난다. 하지만 그 순종은 억지로 떠안은 의무가 아니다. 은혜를 경험한 사람에게 순종은 짐이 아니라 기쁨이고, 강요가 아니라 자유로운 반응이다.

## 묵상 질문

**1** 나는 지금 누군가를 마음속으로 정죄하고 있지는 않은가? 그에게 던진 돌을 내려놓을 용기가 있는가?

**2** 최근에 내가 누군가를 용서하지 못하는 이유는 무엇인가? 그 상황을 십자가의 은혜의 시선으로 다시 보면 무엇이 다르게 보이는가?

**3** 나는 하나님께서 나를 용서하신 사실을 충분히 누리고 있는가? 나 자신을 향한 죄책감, 수치심, 실망감을 그대로 붙들고 있지는 않은가?

**4** 하나님은 나의 '과거'와 '상처'와 '죄책감'을 어떻게 새로운 사명으로 바꾸길 원하시는가?

# 사랑은 심는 것이다

나는 심었고 아볼로는 물을 주었으되 오직 하나님께서 자라나게 하셨나니 고전 3:6

사랑은 흙 속에 묻히는 씨앗이다. 사랑엔 화려한 모습이 있어서 세상의 사랑을 표현할 때는 화려하게 피어난 꽃을 주로 이야기한다. 하지만 사랑은 심는 것부터 시작한다. 사랑은 심겨야 자란다. 꽃은 피기 전에 뿌리를 내리고, 열매는 기다림 끝에 맺힌다. 그래서 사랑은 심는 것이다.

## 사랑은 기다림이 필요하다

씨앗은 흙 속에 묻힌다. 흙은 차갑고, 어둡고, 눅눅하다. 그러나 생명은 그 어둠 속에서 움튼다. 우리가 심는 사랑의 씨앗도 마찬가지다. 씨앗은 눈에 보이지 않는다. 아무런 반응이 없는 듯하다. 그래서 때로는 답답하다. '이 사랑이 자라고 있는 걸까?'라는 질문이 가슴을 찌른다.

기다림은 고난을 동반한다. 사랑의 씨앗은 흙 속에서 가장 먼저 외로움을 배운다. 햇빛도 없고, 박수도 없고, 반응도 없다. 그저 스스로 깨지고, 썩고, 내려가야 한다. 그러나 바로 그 시간에 뿌리가 자란다.

우리는 기다릴 때 흔들린다. 보이지 않는 것을 믿어야 할 때 의심이 먼저 싹튼다. 기다림은 단순한 인내가 아니다. 기다림은 신앙의 시험이고, 사랑의 십자가다. 사람은 '속도'로 평가하지만, 하나님은 '깊이'로 자라게 하신다.

어둠 속에서 묵묵히 견딘 씨앗만이 때가 되면 싹을 틔운다. 눈에 보이지 않는 영혼의 계절을 견딘 사람만이 하나님의 때에 열매를 본다.


## 기다림의 열매

중학교 2학년 때 억울하게 맞은 적이 있다. 교회에서 해외 비전트립을 갔을 때였다. 인도하시던 한 집사님의 오해로, 이유 없이 심하게 맞았다(목사 아들이라고 더 맞았다). 말 그대로 두들겨

맞았고, 온몸에 멍이 들었다.

아무 잘못이 없었기에 더 억울했고, 마음 깊은 곳이 무너지는 것 같았다. 그 집사님은 결국 아버지를 찾아와 사과했다. 그날 아버지는 화를 내지 않으셨다. 오히려 담담히 용서하셨다. 나는 그 모습이 이해되지 않았다.

'왜 아무 말도 하지 않으시지? 왜 나를 위해 화내주시지 않지?'

어린 마음에 아버지에 대한 섭섭함이 자리 잡았다. 며칠 후, 간사님을 통해 그날의 진실을 들었다. 아버지는 그날 집사님이 가신 후에 사무실에서 숨죽여 우셨다고. 나를 향한 안타까움, 억울함, 아버지로서의 마음이 그 눈물 속에 다 담겨 있었다.

하지만 아버지는 담임목사로서 그 집사님을 세우기 위해 자신의 감정을 눌렀다. 아버지는 참고 기다리셨다. 세월이 흘러 그 집사님이 장로님이 되었다. 교회를 섬기며 신실하게 주님의 일을 감당하는 일꾼이 되었다.

아버지는 그를 위해 씨를 심으셨다. 억울한 순간에도 분노로 반응하지 않고 하나님의 때를 기다리며 사랑을 심으셨다. 그리고 그 씨앗은 시간이 흘러 아름다운 열매로 나타났다.

나는 그 사건을 통해 사랑은 때로 억울함을 감내하는 심음이며, 하나님의 때에 맺히는 열매임을 배웠다.

## 작은 씨앗에서 숲을 보는 능력

강준민 목사님은 《뿌리 깊은 영성》에서 "비전은 작은 씨앗 안에서 숲을 보는 능력이다"라고 말했다.

많은 사람이 씨앗을 하찮게 여긴다. 작은 씨앗 하나로 무엇을 할 수 있냐고 묻는다. 하지만 비전을 가진 사람은 눈앞의 흙만 보지 않는다. 씨앗 한 알 안에 담긴 숲을 본다. 그 안에 담긴 열매를 본다. 그래서 사랑하는 사람은 열매를 위해 헌신한다. 씨를 열심히 뿌린다.

내 아버지 멀티꿈의교회 안희묵 목사님은 공주꿈의교회 성전 건축을 마친 후, 다음 목표에 대한 깊은 고민에 빠졌다. 그때 우연히 뉴스에서 "충청도에 새로운 행정도시가 세워진다"라는 소식을 접했다. 그 순간, 마음속에 새로운 확신이 찾아왔다.

'이제 지역을 넘어 나라를 변화시키는 교회가 되어야 한다!'

그래서 세종시에 교회를 개척하기로 결심했다. 그 후 십 년간 교회는 '2014년 여호수아 비전'을 선포하며 함께 기도했다. 하지만 2012년 세종시에 개척을 시작하자고 할 때 일부 리더들의 반대에 부딪혔다. 그 당시 임대료는 비쌌고, 교회에는 아직 빚이 있었다.

이때 아버지는 교회 모든 리더들에게 지금까지 함께 기도해 온 비전들을 다시 설명하였다. 비전은 우리 능력이나 지혜로 이루는 것이 아니다. 주님이 하시는 것이다. 그리고 모든 리더들의 마음을 하나로 모아 작은 카페를 만들고 개척을 시작했다.

다른 이들이 씨앗만 볼 때, 아버지는 그 씨앗 안에 담긴 나무를 보았다. 그리고 하나님의 비전을 선택했다. 그렇게 세종 땅에 교회를 세웠다. 그 믿음의 결단 이후, 꿈의교회는 세종 지역에 세 개의 교회를 더 개척했고, 결국 '만 명 성도의 비전'을 이루는 놀라운 열매를 맺었다. 하나님의 때에 심어진 씨앗이 자라 열매가 되었다.


## 노력 없는 결실

어떤 사람들은 씨는 뿌리지도 않은 채 열매 맺기를 원한다. 아무것도 하지 않고 결과만 원한다. 마치 복권을 사지도 않고 당첨되기를 원하는 것과 같다. 어떤 사람들은 씨를 뿌리더라도 씨가 성장하는 시간을 기다리지 못한다. 빨리 결과를 얻기만을 원한다.

한 TV 프로그램에서 연예인들이 저녁을 준비하고 있었다. 한 남자 연예인이 냄비로 밥 짓는 것을 담당했다. 그런데 밥을 올려놓고 수시로 뚜껑을 열어 밥이 되었는지 확인했다. 밥이 될 때까지 기다리지 못하고 계속 열어보았다. 중간에 뚜껑을 열면 열이 날아가서 설익는다. 맛있는 밥을 먹지 못한다. 조급함이 실수를 만든다.

씨 뿌리는 것도 마찬가지다. 뿌리고 인내하고 기다려야 한다. 봄에 뿌린 씨앗을 가을에 추수하는 것처럼 풍성한 열매를 위해 기다려야 한다. 단순히 기다리기만 하는 것이 아니라 씨를 뿌리고 잘 가꾸어야 한다. 물이 부족하면 물을 주어야 하고, 양분이 부족하면 더 채워주어야 한다. 가꾸는 데 시간과 노력이 필요하다.

## 청지기 정신

기다림의 끝이 언제나 열매로 이어지는 것은 아니다. 때로는 아무 일도 일어나지 않는다. 그런데도 우리는 여전히 씨를 뿌려야 한다. 왜냐하면 사랑은 결과가 아닌 순종의 행위이기 때문이다. 씨를 심는 일은 단순히 열매를 얻기 위한 투자가 아니다. 하나님께서 맡기신 생명의 사명을 감당하는 일이다.

우리는 밭의 주인이 아니다. 단지 그분의 밭을 돌보는 청지기다. 청지기는 자기 소유를 주장하지 않는다. 열매가 맺혀도 자신의 공로가 아니다. 오로지 주인의 은혜이며, 맡겨진 책임의 결실이다. 그래서 사랑의 열매를 맺어도 자랑하지 않는다.

또한 내가 열매를 취하지 못해도 분노하지 않는다. 우리는 단지 씨를 심는 사람일 뿐, 자라게 하시는 분은 언제나 하나님이시기 때문이다. 당연히 맺는 열매를 취하시는 분도 하나님이

시다. 청지기의 마음은 단순하다.

"무익한 종 주님께 충성합니다."

이 말 속에는 겸손과 자유가 담겨 있다. 청지기는 결과를 위해 살지 않는다. 주인의 뜻에 순종하며 묵묵히 밭을 간다. 청지기는 사랑을 심고도 자신을 드러내지 않는다. 열매를 맺어도 그 공을 하나님께 돌린다. 그때 비로소 우리의 사랑은 사람의 사랑이 아니라, 하나님의 사랑이 된다.


## 사랑은 꽃이 아닌 열매다

예수님이 말씀하셨다.

"나는 포도나무요 너희는 가지라 그가 내 안에, 내가 그 안에 거하면 사람이 열매를 많이 맺나니 나를 떠나서는 너희가 아무 것도 할 수 없음이라"(요 15:5).

우리는 꽃이 아니다. 예수님의 열매다. 예수님의 생명이 우리 안에 흐르고, 그분의 사랑이 우리를 통해 드러나며, 그분의 성품이 우리 삶에서 맺힌다.

사람들은 종종 사랑을 '꽃'으로 착각한다. 꽃은 화려하고 향기롭다. 많은 이가 향기에 취하고, 아름다움에 감탄한다. 그래서 우리도 모르게 그렇게 되고 싶어 한다. 드러나고 싶고, 인정받고 싶고, 누군가의 시선을 끌고 싶다. 세상은 사랑마저도 경쟁처럼 보여주려 한다.

그러나 진짜 사랑은 꽃이 아니라 열매다. 꽃은 잠시 피었다가 스러지지만, 열매는 오래 남는다. 꽃은 자신을 위해 피지만, 열매는 타인을 위해 맺힌다. 강준민 목사님은 이렇게 말했다.

"꽃은 아름답다. 향기가 있다. 귀한 것이다. 그러나 꽃은 그 속에 생명이 없다. 열매는 투박하다. 향기가 없다. 그러나 열매 속에는 생명이 있다. 그 생명 속에 미래가 있다."

우리는 세상에 보여주는 장식이 아니라 예수님의 생명을 전하는 열매다. 우리 안에 그리스도의 사랑이 머물 때, 비로소 열매가 맺히고, 그것을 통해 누군가의 삶이 변화된다. 사랑은 우리가 꾸며내는 꽃이 아니라 예수께 붙어 있음으로 자연스럽게 맺히는 그분의 열매다.


## 사랑의 진가

한 농부가 말했다.

"꽃이 필 때는 사람들이 많이 찾아오지만, 열매를 맺을 때는 아무도 보러 오지 않습니다. 하지만 진짜 필요한 것은 꽃이 아니라 열매입니다."

꽃이 피는 순간은 아름답지만, 사랑의 진가는 열매로 드러난다. 사랑은 보여주기 위해 피지 않는다. 아무도 보지 않아도 꾸

준히 자란다.

　사랑은 내려놓음으로 자란다. 꽃이 져야 열매가 맺히듯이, 우리의 자아가 져야 그리스도의 사랑이 맺힌다. 그리스도의 사랑은 소유하는 사랑이 아니라, 내어주는 사랑이다. 자신의 생명을 내어줌으로 세상을 살린 사랑이 바로 예수님의 사랑이다.

**묵상 질문**

1 나는 지금 사랑의 씨앗을 어떤 사람이나 상황에 심고 있는가?

2 즉각적인 반응이 없을 때, "하나님이 자라게 하신다"는 믿음으로 기다릴 수 있는가?

3 나는 사랑을 꽃(보여지는 모습)으로 정의하고 있지는 않은가?

4 내 사역·관계·가정에서 열매를 조급하게 열어보고 있지는 않은가?

# 사랑은 나눔이다

어느 날 부모님이 미국에서 지내던 시절의 이야기를 들려주었다.

"너, 어렸을 때 말이야, 네게만 백 퍼센트 오렌지주스를 사줬어. 좋은 것은 너 주고 우리는 싼 주스만 마셨지."

당시는 그 말이 그냥 '웃픈' 옛날이야기처럼 들려서 "왜 그렇게까지 하셨어요?"라고 장난스럽게 웃으며 넘겼다. 그런데 시간이 지나, 나도 그 이유를 이해하게 되었다.

미국에서 박사 과정을 밟던 시절, 경제적으로 참 어려웠다. 장 보러 나가면 가격표부터 보고, 계산할 때는 늘 마음속으로 합계를 먼저 세야 했다. 그런데 이상하게도 딸아이 것을 살 때는 계산하지 않았다. 유기농 과일, 유기농 채소, 소고기 등. 나와 아내는 남은 재료로 대충 끼니를 때워도, 딸에게는 가장 좋은 것을 주고 싶었다.

어느 날, 아내가 딸에게 키위를 깎아주던 일이 잊히지 않는다. 아내는 씨를 싫어하는 딸을 위해 가운데 씨 있는 부분을 조심스럽게 도려내 내게 건넸다. 딸에게는 과육을 주고 나에게는 씨 있는 부분을 주고 정작 자신은 먹지도 못했다.

나와 아내도 고기와 과일을 좋아한다. 그런데도 내가 좋아하는 것을 못 먹는 것이 서운하지 않았다. 오히려 딸이 맛있게 먹는 것을 보며 감사했다. 이유는 단순하다. 딸을 너무나도 사랑하기 때문이었다. 사랑은 내가 더 먹는 것이 아니라 내가 덜 먹고 더 주는 것이다.


## 진정한 사랑

사랑은 내 것을 채우는 일이 아니라 내 것을 비워주는 일이다. 세상은 더 많이 가지는 것을 성공이라 말하지만, 하나님은 더 많이 내어주는 것이 사랑이라고 말씀하신다. 사랑은 내가 무엇을 더 갖느냐로 깊어지지 않는다. 내가 무엇을 내어줄 수 있느냐에서 깊어진다.

하나님은 창조 때부터 자신을 비우시며 사랑을 드러내셨다. 아무것도 없는 허공에 생명을 불러일으키시고, 그 모든 것을 인간에게 통째로 내어주셨다.

그리고 그 사랑의 절정은 예수 그리스도의 십자가에서 완성되었다. 하나님은 남는 것을 주신 것이 아니라, 가장 귀한 것을 내어주셨다.

예수님은 "자기를 비워"(빌 2:7) 우리에게 오셨고, 우리를 향해 "주는 것이 받는 것보다 복이 있다"(행 20:35)라고 말씀하셨다. 예수님은 자신을 가장 깊이 비우셨고, 우리는 가장 충만하게 채움 받았다.

십자가는 가장 완전한 나눔이다. 내가 가진 것을 조금 떼어주는 자선이 아니라, 나 자신을 온전히 내어주는 사랑이다. 예수님은 죽음으로 사랑을 끝낸 것이 아니라, 죽음으로 사랑을 영원히 새겨놓으셨다.

사랑은 내 시간을 내어주고, 내 마음을 쪼개어 주고, 내 삶을 나누는 그 자리에서 자란다. 그래서 언제나 약간의 아픔을 동반한다. 그러나 그 아픔 속에서 진짜 사랑이 자란다.

앤드류 머레이는 《겸손》에서 "참된 사랑은 자신을 주는 것이다. 남는 것을 나누는 것이 아니라, 나를 내어주는 것이다"라고 말했다.

C. S. 루이스는 《네 가지 사랑》에서 "사랑은 안전하게 할 수 있는 것이 아니다. 사랑한다면, 반드시 상처받을 각오를 해야 한다"라고 말했다.

## 나눔의 역설

우리는 십자가 사랑에 빚진 자다. 이 '빚'은 죄책감이나 부담감이 아니라, 우리가 받은 사랑이 너무 커서 갚을 수 없는 은혜의 빚을 의미한다. 우리가 받은 사랑은 갚을수록 줄어드는 '빚'이 아니라, 더 커지는 '빛'이다. 사랑을 나눌 때 빚이 빛이 된다. 왜냐하면 우리가 받은 사랑은 나눌수록 줄어드는 사랑이 아니라 더 풍성해지는 사랑이기 때문이다. 이것이 나눔의 역설이다.

우리는 주는 것을 두려워한다. 내 것이 없어진다고 생각한다. 그러나 나누면 줄어들 것 같지만, 오히려 커진다. 촛불 하나가 다른 촛불에 불을 붙인다고 해서 어두워지지 않는 것처럼, 사랑은 나누어질수록 빛의 면적이 넓어진다.

그래서 진짜 사랑은 움켜쥐는 소유가 아니라, 끊임없이 흘러가는 강과 같다(요 7:38). 은혜가 씨앗이라면, 우리의 줌은 그 씨앗에 생명을 불어넣는 물이다. 사랑을 흘려보낼 때 우리는 비로소 충만해진다.

예수님이 오병이어의 기적을 행하셨을 때, 그 시작은 풍족함이 아니라 부족함이었다. 어린 소년의 손에 있던 다섯 개의 떡과 두 마리의 물고기는 수천 명을 먹이기에는 턱없이 적은 양이었지만, 예수님의 손에 들려졌을 때 그 적음이 풍성함으로 변했다.

기적이 풍족함에서 시작된 것이 아니라 나눔에서 시작되었다. 기적은 '내가 가진 것을 내어주는 용기'에서 시작되었다.

우리가 빚을 갚는 유일한 방법은, 우리도 누군가를 빚지게 만드는 것이다. 내가 받은 사랑을 흘려보내는 만큼 그 사랑은 다시 내게로, 그리고 세상으로 흘러넘친다. 이것이 십자가가 우리에게 남긴 가장 아름다운 역설이다.


## 나눔의 기적

1952년 겨울, 에버렛 스완슨(Everett F. Swanson) 목사가 집회를 위해 한국에 왔다. 6·25 전쟁 직후, 서울은 잿더미였고 길에는 전쟁고아들이 쓰러져 있었다.

그는 어느 날 새벽, 트럭에 실려 가는 쓰레기를 보았다. 그런데 가까이 다가가 보니, 그 트럭에 실린 것은 쓰레기가 아니라 밤새 거리에서 굶주리고 추위에 떨다 죽은 어린이들의 시신이었다.

집으로 돌아가는 비행기 안에서 하나님의 음성이 그에게 반복해서 들려왔다.

'너는 무엇을 할 것이냐? 너는 무엇을 할 것이냐? 너는 무엇을 할 것이냐?'

스완슨 목사는 부자가 아니었다. 큰 교회나 거대한 조직을 가진 것도 아니었다. 그에게는 단지 긍휼함만 있었다. 그는 그 사랑의 마음으로 행동했다. 스완슨 목사는 미국으로 돌아가 전쟁고아 한 명을 돌보기 위한 후원금을 모으기 시작했다. 한 사람의 그 작은 심음이 나비효과가 되어 국제컴패션(Compassion International)이 탄생했다.

오늘날 컴패션은 29개국에서 240만 명이 넘는 어린이들을 양육하고 있다. 어린이들은 교육을 받고, 따뜻한 밥을 먹으며, 의료 혜택을 받는다. 무엇보다 예수님의 사랑을 듣고 자란다. 이 모든 기적의 뿌리는 한 사람의 믿음이었다.

하나님은 믿음으로 나누는 자를 결코 외면하지 않으신다. 넘치는 것보다 나누려는 마음을 통해 기적을 일으키신다. 사랑은 풍족할 때가 아니라 부족할 때 진짜가 된다. 여유로워서 주는 것이 아니라, 믿기 때문에 내어주는 것이다. 사랑은 내 안의 여분으로 하는 것이 아니라, 내 안의 믿음으로 하는 것이다.

## 세 사람과 빵 세 개

이영표 씨가 가난에 대해 이런 말을 했다.

"하나님은 참 불공평하신 분이라고 생각했습니다. 만약 공평하시면 세상에 이렇게 가난한 어린이들이 많으면 안 된다고 생각했습니다. 그러다 깨달았어요. '공평'이란 세 사람에게 빵 하나씩을 주는 거라고 생각했는데, 하나님은 한 사람에게 빵 세 개를 주고, 나눠주라고 하신다는 것을 말입니다."

이 말은 단순한 정의를 넘어, 하나님의 사랑의 방식을 보여준다. 하나님이 누군가에게는 빵을 세 개 주고 누군가에는 하나도 주지 않으실 때가 있다. 그 이유는 그를 더 특별히 사랑하시기 때문이 아니다. 그를 통해 다른 사람에게 흘려보내기 위해서다. 나눔의 사랑을 배우게 하시기 위함이다.

우리는 그저 '빵을 많이 받은 사람'이다. 내가 더 가진 이유는 자랑이 아니라 책임이다. 나 혼자 먹으라고 주신 것이 아니라, 누군가의 허기를 채우라고 맡겨주신 것이다.

하나님은 우리를 '사랑의 청지기'로 부르셨다. 사랑은 소유가 아니라 사명이다. 내가 가진 시간, 재능, 물질, 말 한마디, 미소 하나까지도 누군가에게 나누기 위해 하나님께서 내게 맡기신 것이다.

사랑을 나눈다는 것은 누군가를 단순히 '돕는 것'이 아니다. 서로를 연결해주는 다리를 놓는 것이다. 다리가 놓여야 서로 오갈 수 있고, 오가야 관계가 살아난다.

우리는 흔히 '주는 사람'과 '받는 사람'을 나눈다. 진정한 사랑은 그 구분이 의미가 없다. 누군가에게 사랑을 건네는 순간, 나도 그 사랑의 흐름 속에 들어가기 때문이다. 나눔과 받음을 통해 둘 다 하나님으로부터 사랑을 공급받는 통로가 된다.

## 빚을 갚다

우리는 평생 십자가의 빚을 다 갚지 못할 것이다. 그래도 괜찮다. 사랑의 빚은 완전히 갚으라고 주신 빚이 아니다. 흘려보내며 살아가라고 주신 은혜의 빚이다.

오늘 단 한 사람에게라도 내가 가진 것을 나눌 때, 그 빚은 빛이 된다. 그 빛은 다시 내게로 돌아와 예수님의 사랑이 된다. 그래서 사랑의 빚은 갚을수록 더 깊어지고, 나눌수록 더 환해진다. 우리는 매일 십자가의 빚을 빛으로 갚아가며 사랑 안에, 사랑으로, 사랑이 되어 살아야 한다.

## 묵상 질문

**1** 나는 지금 무엇을 쥐고 있는가? 하나님께서 나를 통해 흘려보내길 원하시지만 내가 꽉 움켜쥐고 있는 사랑은 무엇인가?

**2** 나는 여유로워서 줄 때가 많았는가, 부족하지만 믿음으로 줄 때가 많았는가? 나눔의 동기는 사랑인가? 체면인가? 의무인가?

**3** 하나님이 나에게 주신 '빵 세 개'는 무엇이라고 생각하는가? 시간, 재능, 물질, 마음… 그중 하나라도 지금 누구에게 흘려보내야 할까?

**4** 나는 사랑을 '말'로만 보여주고 있지는 않은가? 오늘 누군가에게 실제로 나눌 수 있는 구체적인 행동은 무엇인가?

# 사랑은 절대적이다

아내와 함께 영화 〈보헤미안 랩소디〉를 보았다. 록 밴드 퀸(Queen)의 리드 보컬 프레디 머큐리(Freddie Mercury)의 삶을 그린 영화다. 퀸은 1970년대부터 1990년대까지 전 세계를 뒤흔든 전설적인 밴드였다. 〈We Will Rock You〉, 〈We Are the Champions〉 같은 곡은 지금도 스포츠 경기장에서 울려 퍼지는 대표적인 응원가다.

하지만 프레디의 인생은 무대 위의 화려함과 달랐다. 무대 밖 그의 삶은 늘 불안과 외로움으로 가득했다. 그는 자신이 동성애자라는 사실을 알았지만, 당시 사회 분위기는 이를 받아들일 수 없었다. 언론은 그의 정체성을 파헤치려 혈안이었고, 대중은 그를 한순간에 버릴 수도 있었다.

그래서 그는 가면을 썼다. 무대에서는 세상을 뒤흔드는 존재였지만, 무대 밖에서는 사람들의 시선을 두려워하며 숨어야 했다. 절정의 인기를 누리던 순간조차 그는 지독히 고독했다.

## 가면을 쓰고 사는 우리

사실 우리도 다르지 않다. 직장에서 화가 나도 꾹 참는다. 교회에서 힘들어도 "아멘"으로 대답한다. SNS에는 "#행복 #사랑"만 올린다. "나는 외롭다, 돈이 없다, 우울하다"라는 말은 숨긴다. 그렇게 가면을 쓰고 괜찮은 척하며 살아간다. 한국의 체면 문화가 더 많이 숨기게 하고, 더 철저하게 가면을 쓰게 한다.

심지어 우리는 하나님 앞에서도 가면을 쓴다. 예배 빠지면, 기도 못 하면, 죄지으면 하나님이 나를 버리실 것 같아서 더 열심히, 더 착하게 살아보려 애쓴다.

우리가 열심히 신앙생활 할 때는 하나님의 사랑을 느끼고 감사한다. 하나님과 친밀하다고 여긴다. 그런데 예배를 빠지거나 기도를 놓치거나 죄를 지으면 하나님과 멀어진 것처럼 느낀다. 마치 하나님이 이제는 나를 사랑하지 않는 것처럼 두려워한다.

사실 나도 오랫동안 그런 가면을 쓰고 살았다. 목회자 가정에서 자란 나는 '늘 모범적이어야 한다'라는 압박 속에서 연약함을 숨기고, 실수를 감추고, 사람들에게 좋은 모습만 보여주려

했다. 그러다 보니 하나님 앞에서도 진짜 내 모습을 드러내기가 어려웠다. 가면을 쓰고 거짓된 모습을 보여드렸다.

하지만 이것은 착각이었다. 하나님은 우리가 무엇을 했기 때문에 사랑하시는 분이 아니다. 하나님은 우리가 착해서, 선을 행해서 구원하신 게 아니다. 성경은 구원을 하나님의 '선물'이라고 말한다.

> 너희는 그 은혜에 의하여 믿음으로 말미암아 구원을 받았으니 이것은 너희에게서 난 것이 아니요 하나님의 선물이라 엡 2:8

값을 치르면 더 이상 선물이 아니다. 그런데 우리는 자꾸 갚으려 한다.

'예수님의 죽음에 내가 뭔가 보답해야 하지 않을까?'

하나님이 이미 값을 치르셨다. 하나님의 사랑은 선불이다. 우리는 이미 그 사랑을 받았다.

### 불공평한 하나님의 공평한 은혜

어느 날, 교회에 다니지 않는 한 친구가 내게 물었다.

"감옥에 있는 살인자가 죽기 직전에 회개하면 천국 가?"

"가지."

"그럼 나는? 술, 담배도 안 하고, 남도 해치지 않은 나 같은 사람은?"

"…미안하지만, 예수님을 영접하지 않으면 못 가."

친구는 화를 냈다.

"그게 말이 돼? 나는 평생 착하게 살았는데 지옥 가고, 살인자는 천국 간다고?"

겉보기엔 터무니없이 불공평하다. 착한 사람보다 흉악범이 천국에 간다니! 하지만 하나님의 은혜는 '착한 사람'에게 주어지는 상이 아니다. '죄인'에게 주어지는 선물이다.

하나님의 은혜는 겉으로 보기엔 불공평한 것 같아도, 사실은 가장 공평하다. 왜냐하면 모든 사람에게 똑같이 주어지기 때문이다. 범죄자든, 선량한 시민이든, 잘난 사람이든, 초라한 사람이든 차별하지 않고 동일한 은혜를 베푸신다.

천국에 가는 것은 착한 사람이냐 나쁜 사람이냐에 달린 게 아니다. 오직 예수님을 믿느냐, 믿지 않느냐에 달려 있다. 이 원리는 세상의 정의와는 다르게 보이기에 때로는 불공평하게 느껴진다.

하지만 하나님은 모든 이에게 같은 기회를 주셨다. 그래서 은혜는 가장 공평하다.

## 하나님의 절대적 사랑

사랑이 절대적이라는 것은 조건이 없다는 뜻이다. 세상의 사랑은 늘 이유를 찾는다. 잘하면 사랑하고, 실망하면 떠난다. 하나님의 사랑은 다르다. 우리가 아직 죄인일 때, 더러울 때, 부끄러울 때, 하나님을 배반할 때조차 그분은 우리를 사랑하셨다 (롬 5:8).

우리는 하나님의 절대적 사랑을 이해하지 못하기 때문에 '착하게' 살려고 한다. 자격을 증명하려고 한다. 가면을 쓰고 괜찮은 척 살아간다. 하지만 하나님은 '그래서' 사랑하는 게 아니라 '그런데도' 사랑하시는 것이다. 우리의 모든 흠과 상처를 이미 아시는 분이 "그래도 너를 사랑한다"라고 말씀하신다.

## 벗어야 할 가면

우리는 하나님 앞에서 가면을 쓸 필요가 없다. 내가 선하든 악하든, 잘났든 못났든 하나님의 사랑은 변하지 않는다. 은혜는 우리의 행위가 아니라 하나님의 선택에서 시작된다. 하나님은 우리를 있는 그대로 사랑하신다. 하나님의 사랑은 우리가 숨길 필요가 없을 만큼 크다.

하나님 앞에서는 가면을 벗어도 된다. 아니, 반드시 벗어야 한다. 그럴 때 비로소 진정한 사랑과 자유를 누릴 수 있다.

세상의 사랑은 변하지만 하나님의 사랑은 어떤 상황에서도 변하지 않는다. 산들이 떠나며 언덕들이 옮겨져도 그분의 사랑은 떠나지 않는다(사 54:10). 권력, 폭력, 죽음조차도 우리를 그 사랑에서 끊을 수 없다(롬 8:38,39). 절대적 사랑은 바로 희생으로 드러나는 사랑이고, 그 절정이 십자가다.

이스라엘의 역사를 보면, 하나님은 수없이 기회를 주셨지만 인간은 계속 배반했다. 홍수 심판, 사사들, 왕조를 통해 인도하셨지만 백성은 하나님을 떠났다. 그러나 하나님은 마지막에 힘이 아닌 사랑을 선택하셨다. 독생자를 보내어 십자가에서 희생하게 하심으로 인류를 구원하셨다. 폭력이나 권력, 그 어떤 힘보다 강한 것이 사랑이다.

## 가장 낮은 자도 사랑하시는 하나님

성경에 나오는 라합은 사회적으로 가장 낮은 자리에 있었다. 멸시와 손가락질을 받던 기생(창녀)이었다. 그러나 하나님의 사랑은 바로 그곳까지 내려갔다.

이스라엘 정탐꾼들이 여리고에 잠입했을 때, 라합은 자신의 목숨을 걸고 그들을 숨겨주었다. 그녀는 "너희의 하나님 여호와는 위로는 하늘에서도 아래로는 땅에서도 하나님이시니라"(수 2:11)라고 고백한다.

세상은 그녀를 죄인으로 불렀지만, 하나님은 그녀의 그 믿음을 보고 사용하셨다. 라합과 그녀의 가족은 약속대로 구원받았고, 믿음의 계보에까지 기록되었다. 마태복음 1장은 예수 그리스도의 족보를 전하면서, 그 안에 라합의 이름을 분명히 기록한다. 세상에서 버림받았던 여인의 이름이 구원의 족보 속에 새겨졌다.

라합의 이야기는 하나님의 사랑이 얼마나 절대적인지를 보여준다. 세상은 '그녀는 창녀였다'라고 낙인찍지만, 하나님은 '그녀는 믿음으로 의롭게 된 자'라고 말씀하신다. 조건 없는 사랑, 끝까지 붙드는 사랑, 사람의 기준을 뛰어넘는 사랑이 하나님의 절대적 사랑이다.


## 사랑의 아버지 품으로 돌아오라

사람은 죄를 지으면 본능적으로 숨고 싶어 한다. 도망치고 싶어 한다. 인간의 본성이다. 창세기 3장 7,8절을 보면, 첫 사람 아담과 하와가 죄를 지은 후 가장 먼저 한 일이 나온다. 그들은 벗은 몸을 나뭇잎으로 가리고 나무 사이로 숨어버렸다. 부끄럽고 두려워서 하나님을 피한다. 하나님께 나아가 죄를 고백하고 용서를 구해야 할 순간에 도망친다. 나뭇잎 몇 장으로는 벗은 몸을 가릴 수 없는데도, 체면을 지키려 애쓴다.

그들이 부끄러움과 두려움 속에 숨어 있을 때 하나님은 그들의 이름을 부르신다.

'아담아, 하와야. 어디에 있느냐? 왜 나에게서 도망가느냐? 왜 숨느냐? 네 얼굴을 보여라. 내게로 오라.'

하나님은 이미 그들이 선악과를 먹었다는 사실을 알고 계셨다. 그들이 어디에 있는지도 아셨다. 그런데도 이름을 부르셨다.

하나님은 지금도 우리의 이름을 애타게 부르신다.

'어디에 있느냐? 왜 숨었느냐? 내게로 나와라. 나는 이미 너를 용서했다.'

하나님은 이미 우리의 죄와 문제와 나약함을 알고 계신다. 우리의 부끄러움과 악함을 다 아신다. 그런데도 우리를 부르시고 사랑하신다.

우리는 종종 문제를 스스로 해결하려 하고, 하나님에게서 멀어지려 한다. 그러나 하나님에게서 숨을 곳은 아무 데도 없다. 하나님은 이미 우리를 용서하셨고, 우리가 돌아오기를 원하신다. 있는 그대로의 우리를 사랑하신다. 그러니 숨지 말고 달려가야 할 곳은 바로 하나님 품이다.

## 묵상 질문

**1** 나는 지금 하나님 앞에서 어떤 가면을 쓰고 있는가?

**2** 내가 조건부 사랑에 익숙해져서 하나님의 절대적 사랑을 오해하고 있지는 않은가?

**3** 하나님이 내게 이미 주신 은혜를 갚으려는 마음으로 왜곡하고 있지 않은가?

**4** 숨고 도망가고 싶은 순간, 나는 어디로 향하는가? 하나님인가, 사람인가, 혹은 자기 자신인가?

# 사랑은 상처를 치유한다

한때 온 나라에서 불렸던 광고 노래가 있다.

"말하지 않아도 알아요~"

초콜릿 파이를 내밀면 그 마음을 알 수 있다는 단순한 메시지였다. 어린 시절 나 역시 이 광고를 보며 '말하지 않아도 사람들이 내 마음을 알아주겠지'라고 생각했다. 내가 힘들면 표정만 보고도 알아주고, 내가 원하는 것이 있으면 눈치채고 채워줄 거라고 믿었다.

그런데 살아보니 전혀 그렇지 않았다. 말하지 않으면 모른다. 아무리 가까운 사이라도 내가 얼마나 힘든지, 내가 무엇을 원하는지 알지 못한다. 사실 나조차 내 마음을 알지 못할 때가 있다. 그런데 어떻게 다른 사람이 내 속마음을 알 수 있겠는가!

결국 마음을 드러내야 한다. 힘든 것을 힘들다고 말할 때, 비로소 상대가 내 아픔을 이해하고 함께할 수 있다. 하지만 많은 사람은 자신의 상처를 속에 감춘 채 살아간다.

현대 사회는 더 그렇다. 겉으로는 다들 행복해 보이지만, 그 웃음 뒤에는 말하지 못한 상처가 숨어 있다. 오스카 와일드(Oscar Wilde)는 "모든 사람은 가면을 쓴 채 살아간다"라고 말했다.

실제로 미국 성인의 다섯 명 중 한 명, 한국 성인의 네 명 중 한 명이 정신적 문제를 겪고 있다는 통계가 있다. 속은 곪아가는데, 겉은 멀쩡해 보이는 것이다. 사랑 없는 사회는 상처를 드러낼 용기도 빼앗아버린다. 그래서 상처를 숨기며 살아간다.

## 상처 입은 중풍병자

마가복음 2장에 상처 입은 한 사람이 등장한다. 중풍병자다. 그는 스스로 움직일 수 없어 침상에 누워 평생을 보내야 했다. 육체적으로 무너졌고, 심적으로도 철저히 고립된 사람이었다.

예수님은 그를 고치셨다. 그분의 사역은 단순히 병을 '치료'하는 차원에 그치지 않았다. 예수님은 그를 '치유'하셨다. 치료와 치유는 다르다. 치료는 병을 낫게 하는 행위이지만, 치유는 몸과 마음, 영혼까지 회복하는 것이다.

중풍병자의 육체가 일어난 것도 은혜였지만, 더 큰 은혜는 그의 영혼이 용서받고 회복된 것이다.

예수님은 "작은 자야 네 죄 사함을 받았느니라"(막 2:5)라고 하셨다. 하나님은 단순히 병을 치료하는 의사가 아니다. 상처 입은 인생을 온전히 회복시키는 사랑의 치유자시다. 우리의 깊은 상처, 아무에게도 말하지 못했던 마음의 상처까지 만지시고 고치신다. 그래서 사랑은 상처를 덮는 것이 아니라 드러내어 치유하는 능력이다.


## 상처는 드러나야 치유된다

중풍병자의 상처는 그의 침상이었다. 움직이지 못하는 다리와 오랜 고통의 자리가 바로 침상이었다. 하지만 그는 치유를 위해 자신의 연약함을 드러내고 도움을 구했다. 도움을 구한다는 것은 연약함을 인정하는 것이다. 그럴 때만 진정한 도움을 받을 수 있다.

중풍병자는 자신의 상처를 숨기지 않았다. 그가 자신의 상처를 드러내자 바로 그 자리에서 치유의 길이 열렸다. 누구에게도 보이고 싶지 않은 침상을 내어놓을 때, 예수님에게 나아갈 길이 열렸다.

사실 상처가 있는 것은 중풍병자만이 아니다. 우리 모두에게도 드러내고 싶지 않은 '자신의 침상'이 있다. 이혼, 중독, 트라

우마, 우울, 실패 등 누구에게도 말하지 못하는 아픔이 있다. 그러나 숨긴다고 상처가 사라지지 않는다. 피한다고 치유되지 않는다. 오히려 덮어둘수록 상처는 곪아가고, 우리를 더 괴롭힌다.

우리가 상처를 숨기는 이유는 분명하다. 사회에서 약점을 드러내지 말라고 배워왔기 때문이다. 강해야 한다고, 울면 안 된다고, 약해 보이면 손해 본다고 배웠다. 그래서 감정을 드러내는 것이 두렵다. 누군가 내 상처를 이용하거나 비웃을까 봐 숨긴다. 하지만 상처를 드러내지 않으면 결코 치유되지 않는다.

헨리 나우웬은 《상처 입은 치유자》에서 "진정한 치유는 자신이 약함을 인정하고 받아들일 때 시작된다"라고 말했다. 상처는 무시한다고 사라지지 않는다. 가면을 쓰고 괜찮은 척한다고 치유되는 것이 아니다. 오히려 그럴수록 상처는 우리를 더 깊이 붙잡는다.

우리는 연약하다. 완벽하지 않다. 그래서 하나님께 우리의 있는 모습 그대로 나아가야 한다. 가면을 벗고, '강한 척'을 내려놓자. 괜찮은 척하지 않아도 된다. 오히려 약함을 드러낼 때, 하나님께서 다가오신다.

하나님은 우리의 상처와 아픔을 외면하지 않으신다. 오히려 그 깊은 상처를 누구보다 잘 아시고, 우리와 함께하신다. 우리가 강한 척, 괜찮은 척 버티고 있을 때조차 하나님은 말씀하신다.

'많이 힘들지? 네가 얼마나 힘들고 아픈지 나는 이미 다 알고 있어. 넘어져도 괜찮아. 울어도 괜찮아. 내가 언제나 네 뒤에 있단다.'

상처를 치유하기 위해 드러내야 한다. 숨기지 말고 마주해야 한다. 하나님 앞에서 연약함을 고백하고 도움을 구할 때, 치유가 시작된다. 사랑은 그 상처 위에 스며들어, 새살이 돋아나게 한다.


## 사랑의 공동체를 통한 치유

사랑은 공동체 안에서 상처를 치유한다. 중풍병자가 자신의 연약함을 인정하고 친구들의 도움을 구할 때, 그들은 그의 아픔을 외면하지 않았다. 네 친구가 침상을 메고 예수께로 향했다. 예수님이 계신 집 앞에는 이미 사람들이 가득 차 있었다. 문 앞까지 들어설 자리가 없을 정도였다. 그런데도 친구들은 포기하지 않았다.

"지붕을 뚫고라도 예수님 앞에 데려가자."

무모해 보이는 생각이었지만, 사랑이 그 무모함을 행동으로 옮기게 했다. 지붕 위로 올라가 흙을 파내고, 마침내 중풍병자를 줄에 매달아 예수님 앞에 내렸다.

그 순간, 중풍병자는 많은 위험을 감수해야 했다. 공개적으로 연약함을 드러내야 했다. 당시 사회는 병이나 장애를 죄의 결과로 여겼다. 사람들 앞에 드러나는 순간, 손가락질과 비난이 쏟아질 수도 있었다. 게다가 그의 생명은 친구들의 손에 달려 있었다. 줄을 놓치면 곧장 땅으로 떨어질 것이었다. 그러나 그는 친구들을 믿었고, 그들은 그를 포기하지 않았다. 서로를 신뢰하고 의지할 때, 중풍병자는 예수님 앞으로 나아갈 수 있었다.

헨리 나우웬이 말했다.

"공동체는 우리가 연약함 속에서도 사랑받고 받아들여진다고 느끼는 곳이다. 우리가 서로의 상처를 함께 마주하고, 사랑으로 치유해나가는 과정 속에서 우리는 더 깊은 연대와 참된 사랑을 경험하게 된다."

공동체는 치유의 자리다. 신앙은 혼자의 여정이 아니라 함께 걷는 여정이다. 갈라디아서 6장 2절은 말한다.

"너희가 짐을 서로 지라 그리하여 그리스도의 법을 성취하라."

사랑은 혼자 빨리 가는 것이 아니라, 끝까지 함께 가는 것이다.

오늘 우리 삶에도 각자의 상처와 짐이 있다. 때로는 혼자 감당할 수 없는 무거운 짐이 우리를 짓누른다. 그때 기억해야 할 사실은, 하나님이 우리를 홀로 두지 않으셨다는 것이다. 가족과 친구, 신앙의 공동체를 통해 서로의 짐을 나누게 하셨다.

존 오트버그(John Ortberg)는 "우리가 다른 사람들에게 침상을 보이고 서로 도움을 주고받을 때에만 치유가 가능하다"라고 말했다. 사랑은 상처를 숨기지 않고, 함께 드러내고 함께 짊어지는 것이다. 그 순간, 하나님은 공동체를 통해 치유의 역사를 이루신다. 상처를 치유하는 힘은 결국 사랑이다. 사랑은 우리를 드러내게 하고, 드러난 상처 위에 하나님의 은혜를 흘려보낸다.

## 가정에서의 치유

사람이 처음 사랑을 배우고, 동시에 처음 상처를 경험하는 곳은 가정이다. 가정은 가장 안전해야 할 울타리이지만, 때로는 가장 깊은 아픔을 남기는 공간이기도 하다.

동시에 가정은 상처를 치유하는 가장 강력한 곳이 된다. 가정은 완벽하지 않다. 그러나 가정이 완벽해야만 치유가 일어나는 것은 아니다. 오히려 불완전한 사람들이 서로의 상처를 인정하고, 솔직한 사랑의 말을 주고받을 때, 치유의 기적이 시작된다.

한 아버지와 아들은 오랫동안 깊은 갈등 속에 있었다. 아버지는 늘 자녀에게 기대가 컸다. "넌 더 잘할 수 있어"라는 말은 자녀에게 격려가 아니라 꾸지람처럼 들렸고, 아버지는 늘 칭찬 대신 지적이 먼저였다. 아들은 자라면서 인정받고 싶은 마음이 좌절로 바뀌었고, 결국 아버지와 대화를 거의 하지 않게 되었다. 오랜 시간, 둘 사이에는 두꺼운 벽이 쌓였다.

세월이 흘러 아버지가 은퇴를 앞두게 되었다. 어느 날 용기를 내어 아들을 불러 떨리는 목소리로 말했다.

"아들아, 아빠가 미안하다. 널 늘 사랑했는데, 그 사랑을 잘 표현하지 못했다. 잘한다고 말하기보다 부족한 것만 지적했던 것 같다. 그게 네게 상처였다는 걸 이제야 알겠다."

아들은 그 말을 듣고 한참을 침묵했다. 마음속 깊은 곳에서는 아직도 쌓여 있는 상처가 있었다. 바로 용서가 되지 않았지만 아버지의 진심 어린 사과 앞에 아들이 대답했다.

"아빠, 아직은 쉽게 용서가 되지 않아요. 마음속 상처가 너무 깊어서요. 하지만 이렇게 말씀해주셔서 고마워요. 그 한마디가 저한테는 큰 의미예요."

그날 대화는 눈물로 끝났다. 아버지는 완전히 용서를 받지 못했지만, 아들의 말속에는 작은 균열이 담겨 있었다. 오랫동안 굳게 닫혀 있던 마음의 문이 조금은 열리기 시작했다.

용서는 단번에 끝나는 사건이 아니다. 때로는 오랜 시간 쌓인 상처만큼, 용서도 천천히 흘러간다. 하지만 중요한 것은 그 시작이다. 용서를 구하는 말 한마디, 용서를 향해 내딛는 작은 걸음이 치유의 길을 열어준다.

사과와 용서를 통해 깨어진 관계가 다시 이어질 수 있다. 완전한 화해가 당장 이루어지지 않더라도, "미안하다"라는 말과 "고맙다"라는 답은 새로운 관계의 첫걸음이 된다. 사랑은 바로 그 자리에서 상처를 치유하기 시작한다. 용서는 관계적 사건이고, 치유는 내면에서 일어나는 과정이다.

## 교회에서의 치유

교회 공동체 안에서도 사랑은 치유의 힘을 발휘한다. 교회는 은혜로 모였지만, 여전히 연약한 사람들이 모인 곳이다. 갈등과 오해가 생길 수밖에 없다. 그러나 그 안에서 사랑이 작동할 때 치유가 일어난다.

한 교회에서 아주 특별한 프로젝트를 진행한 적이 있다. 이름하여 '사과 프로젝트'였다. 어느 주일, 예배가 끝나고 성도 모두에게 작은 사과 한 알이 나누어졌다. 단순히 간식으로 나누어진 과일이 아니었다. 담임목사가 성도에게 말했다.

"이 사과는 그냥 먹는 사과가 아닙니다. 마음에 걸리는 사람이 있다면, 그에게 다가가 사과를 건네며 진심으로 '미안합니다'라고 말해보십시오."

순간, 교회 안은 고요해졌다. 누구나 마음속에 꺼내지 못한 말이 있기 때문이었다. 처음엔 머뭇거렸지만, 한 사람 두 사람 용기를 내어 서로에게 다가갔다. 눈을 마주하며 사과(apple)를 건네고, 사과(apology)를 했다. 곳곳에서 웃음과 눈물이 터져 나왔다.

사과 한 알이 성도 사이의 마음의 벽을 허무는 열쇠가 되었다. 그날부터 교회는 이전과 달라졌다. 서로의 상처를 덮고, 용서와 화해가 일어났다. 단순한 이벤트 같았지만, 그 속에서 복음의 능력이 드러났다. 작은 사과가 큰 사랑으로 변한 순간이었다.

## 십자가의 치유

결국 모든 치유는 십자가에서 완성된다. 인간의 상처는 단순히 마음의 상처나 육체의 병만이 아니다. 그 근원에는 죄로 인한 단절이 있다. 하나님과의 관계가 끊어진 자리에서 모든 고통과 깨어짐이 시작되었다. 그래서 진정한 치유는 단순히 통증이 사라지는 것이 아니라, 하나님과의 관계가 회복되는 것이다.

예수님은 그 일을 십자가에서 이루셨다. 이사야 선지자는 이렇게 예언했다.

그가 찔림은 우리의 허물 때문이요 그가 상함은 우리의 죄악 때문이라 그가 징계를 받으므로 우리는 평화를 누리고 그가 채찍에 맞으므로 우리는 나음을 받았도다 사 53:5

십자가는 상처의 절정이었다. 예수님은 온몸이 채찍에 찢기셨고, 머리에 가시관을 쓰셨으며, 손과 발에 못이 박히셨다. 그러나 그 상처는 패배가 아니었다. 인류의 상처를 치유하는 하나님의 승리였다. 예수님의 상처가 우리에게는 치유의 길이 된 것이다.

우리가 서로의 상처를 치유할 수 있는 이유는, 예수님이 먼저 우리의 상처를 짊어지셨기 때문이다. 우리의 눈물과 고통을 모르는 분이 아니다. 그분은 직접 당하셨고, 그 상처를 통해 우리에게 회복을 열어주셨다.

십자가는 상처를 무시하지 않는다. 오히려 가장 깊이 직면한다. 동시에 그 상처를 새로운 의미로 바꾸신다. 십자가는 절망의 자리였지만, 부활을 통해 소망의 자리가 되었다. 우리 인생의 상처도 십자가를 통해 새로운 의미를 입는다.

## 묵상 질문

1  나는 상처를 '말하지 않아도 알아주겠지' 하며 숨기고 있지는
   않은가? 하나님께 솔직히 드러내지 못한 감정은 무엇인가?

2  내가 도움을 받아야 하는 영역은 어디인가? '나의 침상'(약함)
   을 인정하지 못해 치유가 지연되고 있는 부분이 있는가?

3  하나님이 내 곁에 두신 공동체(가족, 교회, 친구) 중 누구에게 내
   가 도움을 구하거나 마음을 열어야 할까? 반대로 내가 품어
   야 할 사람은 누구인가?

4  십자가 앞에서 나는 어떤 상처가 치유되길 원하는가? 예수님
   의 상처가 내 상처를 치유한다는 사실을 믿고 있는가?

# 사랑은 영혼을 살리는 것이다

박사 과정을 마치고 컴패션에서 사역한다고 했을 때 친구들은 이해하지 못했다.

"나는 그렇게 못 살아."

"좋은 일 하네."

"그 고생해서 공부하고 왜 NGO를 가? 돈을 벌어야지."

솔직히 나 역시 고민이 많았다. 인정받는 직업, 안정적인 교수 자리를 생각하지 않은 것은 아니었다. 노력의 대가를 '성공'이라는 이름으로 받고 싶었던 마음도 있었다. 그런데 그 생각이 컴패션의 서정인 대표님과 비전트립을 다녀오고 난 뒤에 바뀌었다.

나는 석사 과정에서 NGO를 공부하며, 어려운 이웃을 돕기 위해서는 많은 후원금을 유치해야 한다고 생각했다. 그러다 컴패션 비전트립에 참여하며 컴패션에 관해 평소 궁금했던 것들을 대표님께 물어볼 수 있었다.

"컴패션은 국가 지원을 거의 안 받으신다는데, 기독교 색채를 조금만 빼고 안 믿는 사람들의 돈까지 끌어오면, 더 많이 도울 수 있지 않나요? 그게 더 효율적이지 않습니까?"

그때 대표님이 이렇게 대답하셨다.

"세진 전도사님, 어려운 사람을 돕는 건 예수님을 믿지 않는 사람도 할 수 있습니다. 더 잘할 수도 있습니다. 하지만 그리스도인에게 가장 중요한 건 복음 아닙니까? 컴패션은 복음을 위해 존재합니다."

서정인 대표님의 이 대답이 나의 인생의 방향을 바꿨다. '많이 돕는 것'이 아니라 '왜 돕는가'가 더 중요하다는 사실을 처음으로 깊이 깨달았다.


## 예수님의 지상 대명령

그러므로 너희는 가서 모든 민족을 제자로 삼아 아버지와 아들과 성령의 이름으로 침례(세례)를 베풀고 내가 너희에게 분부한 모든 것을 가르쳐 지키게 하라 볼지어다 내가 세상 끝날까지 너희와 항상 함께 있으리라 하시니라 마 28:19,20

예수님은 병자를 고치셨고, 굶주린 자를 먹이셨고, 소외된 자를 품으셨다. 그러나 그분의 마지막 명령은 단순한 구제가 아니었다. '제자를 삼으라'는 명령이었다. 복음을 전해 예수님의 사람으로 만들라는 말씀이었다. 그 무엇도 영혼을 살리는 일보다 더 중요한 일은 없기 때문이다.

## 컴패션이 말하는 가난

컴패션은 가난을 이렇게 정의한다.

"가난은 꿈을 꿀 수 없는 상태다."

가난은 단순히 돈만 없는 상태가 아니다. 기회가 없고, 가능성을 믿지 못하며, '나는 안 된다'는 거짓말을 듣고 자라는 상태다.

가난한 환경 속에서 자라는 어린이들은 대를 이어 가난한 환경에 놓이게 된다. 그래서 자신의 삶이 더 나아지지 않으리라 생각하게 된다. 그 어린이들은 주변에서 "너는 못생겼어. 못생겨서 몸도 못 팔아. 너는 불쌍한 아이야" 같은 말들을 들으며 자란다. 이런 이야기만 들으며 자란 어린이가 어떻게 온전하게 자랄수 있을까? 이런 거짓말을 깨뜨리기 위해서 그 무엇보다도 하나님이 필요하다. 하나님은 우리에게 말씀하신다.

'너는 내 사랑하는 자녀야. 너는 내 걸작품이야. 너는 내 상속자야.'

진리를 듣기 시작할 때 어린이들의 영혼이 살아난다.

가난한 환경을 벗어나게 도와주는 것도 물론 필요하다. 집을 지어주거나 우물을 파주는 것도 필요하다. 하지만 사람을 바꾸는 것은 환경이 아니다. 에덴동산이라는 완벽한 환경 속에서도 인간은 타락했다. 문제는 환경이 아니라 인간의 마음이다.

사람을 바꾸는 것은 복음이다. 복음은 사람의 형편을 넘어서 사람의 정체성을 바꾼다. 죄인에서 하나님의 자녀로, 버림받은 존재에서 사랑받는 존재로, 절망 속의 어린이에서 소망의 사람으로 바꾼다. 그래서 우리는 단순히 돕는 일을 넘어, 영혼을 살리는 일을 해야 한다.


## 어린이의 꿈

컴패션 비전트립을 처음 갔을 때 가장 놀랐던 일이 있다. 방문한 센터의 어린이들에게서 가난을 찾아볼 수 없었다. 밝은 미소와 반짝거리는 눈으로 가득한 어린이들을 보며, 생활이 생각보다 좋다고 생각했다. 그렇게 밝은 어린이 중 한 명의 집을 방문하게 되었다. 그 집으로 들어가는 길, 문 앞에는 철창이 설치되어 있었다. 처음에는 이해가 되지 않았다.

'집 입구에 왜 철창이 있지?'

현지 스태프의 설명을 듣는 순간, 가슴이 내려앉았다. 부모가 일하러 간 사이, 무방비 상태인 어린이들을 노리는 사람들로부터 아이를 지키기 위한 최소한의 장치라는 것이었다. 철창문을 지나 한 사람이 겨우 지날 수 있는 좁은 통로를 통과하면, 여섯 평도 채 되지 않는 반지하 공간이 나온다. 그곳에 여섯 식구가 함께 산다. 아버지와 어머니, 그리고 네 딸.

한 살짜리 막내와 엄마는 작은 이층침대의 아래 침대에서 자고, 첫째는 윗 침대에, 나머지 두 딸과 아버지는 바닥에서 잔다. 집 안에는 바퀴벌레가 기어 다닌다. 하루 한 끼 먹는 것도 버거운 날이 많다. 학교에 가도 연필을 살 돈이 없어 공부를 이어가기 힘들다. 그 공간에 서 있으면 누구라도 이런 생각이 먼저 들 것이다.

'참 안됐다. 불쌍하다.'

나 역시 처음에는 그렇게 느꼈다. 그러나 어린이들과 이야기를 나누는 동안, 내 마음에 전혀 다른 감정이 올라왔다. 부끄러움이었다. 그 어린이들은 육적으로는 가난했지만, 영적으로는 충만했다. 그들의 눈빛은 절망이 아니라 소망으로 가득했다. 나는 어린이들에게 물었다.

"너는 커서 무엇이 되고 싶니?"

나는 그들이 "돈을 벌고 싶어요"라거나 "이 집에서 벗어나 좋은 집에서 살고 싶어요"라고 말할 줄 알았다. 그러나 어린이들의 대답은 달랐다.

"의사가 되고 싶어요. 치료를 못 받아 죽는 사람을 돕고 싶어요."

"선생님이 되고 싶어요. 저처럼 공부 못 하는 어린이들을 가르치고 싶어요."

이 어린이들은 가진 것 없는 삶을 살아가고 있음에도 불구하고 '받는 삶'이 아니라 '주는 삶'을 꿈꾸고 있었다.


## 무엇을 준비하고 있는가?

우리는 비교적 안정된 환경 속에서 살아간다. 더 넓은 집과 더 좋은 기회를 위해 애쓴다. 그것이 잘못된 것은 아니다. 그러나 그 반지하 집에서 만난 어린이들을 떠올릴 때마다 나는 스스로에게 묻게 된다.

'나는 무엇을 준비하며 살고 있는가? 잠시 머물 이 땅을 위해서인가, 아니면 영원히 머물 나라를 위해서인가?'

우리의 목적지는 이 땅이 아니다. 천국이 우리의 최종 목적지다. 우리는 영원히 머물 곳을 위해 무엇을 준비하고 있는가? 세상은 사람을 연봉과 성취로 평가한다. 그러나 하나님은 우리의 삶을 사랑과 영향력으로 평가하신다. 어디에 사는가보다 더 중요한 것은 무엇을 나누며 살고 있는가이다. 우리는 잠시가 아닌 영원을 준비하는 삶을 살아야 한다.

## 사랑의 가장 깊은 형태

필리핀의 그 반지하 집에서 나는 다시 한번 확신했다. 환경이 사람을 정의하지 않는다. 복음이 사람을 정의한다.

"나는 하나님의 자녀다."

"나는 사랑받는 존재다."

이 진리를 들은 어린이들은 절망이 아닌 소망을 선택했다. 받는 사람이 아니라 주는 사람이 되기를 꿈꾸었다.

사랑은 환경을 초월한다. 사랑은 영혼을 살린다. 그리고 영혼이 살아날 때 하나님이 넣어주신 꿈이 살아난다. 많은 사람들이 말한다.

"어려운 사람 돕고 좋은 일을 하면 되지, 꼭 복음이 필요한가?"

물론 선행은 귀하다. 하지만 선행만으로는 영혼을 구원할 수 없다. 도움은 사람을 잠시 살게 하지만, 복음은 사람을 영원히 살게 한다. 우리가 이웃을 사랑하는 이유는 단지 그들의 삶을 조금 더 편하게 만들기 위함이 아니다. 그들이 하나님을 알게 하기 위함이다. 그들이 영원한 생명을 얻게 하기 위함이다.

예수님은 사람들의 병만 고치신 것이 아니다. 그들의 존재를 회복시키셨다. 그 사랑이 사람을 바꾸었다.

## 컴패션(긍휼)

컴패션(긍휼)은 아파하는 사람과 함께 아파하며 그 아픔 속에서 실제로 행동하는 사랑(Action)이다. 한 목사님이 컴패션(긍휼)을 이렇게 설명한 적이 있다.

"컴패션은 깊은 구덩이에 빠진 사람을 보면, 그 구덩이 속으로 함께 들어가는 것이다."

처음에는 이해가 되지 않았다. 나는 이성적이고 효율을 중시하는 사람이다. 누군가 구덩이에 빠졌다면 나는 밧줄을 찾거나, 사람을 부르거나, 위에서 도와줄 방법을 생각할 것이다. 내가 함께 내려가면 상황이 더 위험해질 수밖에 없다.

그러던 어느 날 이런 생각이 들었다.

'만약 그 구덩이에 빠진 사람이 다섯 살짜리 내 딸이라면?'

그 순간 모든 계산이 무너졌다. 효율도, 위험도, 손익도 중요하지 않다. 그 아이가 어둠 속에 혼자 있다는 사실 하나만으로 나는 망설임 없이 뛰어들 것이다. 내가 무엇을 할 수 있는지는 중요하지 않다. 그저 함께 있어주고 싶기 때문이다. 혼자가 아니라는 걸 알려주고 싶기 때문이다.

그때 깨달았다.

'아, 이것이 긍휼이구나.'

성경이 말하는 긍휼은 멀리서 해결책을 던져주는 태도가 아니다. 함께 들어가는 사랑이다.

내가 석박사 과정을 통해 배운 수많은 복지 이론은 무력했다. 이론은 빈곤의 원인을 설명하고, 정책의 한계를 짚어내고, 지속 가능성을 계산하는 법을 가르쳐주었다. 하지만 어린이들에게 진정으로 필요한 것은 그들을 붙잡아줄 손이었다. 한 통의 편지였다. 그리고 한 명의 후원자였다.

나는 지금도 그 어린이들의 손을 잡기 위해 나의 자리에서 최선을 다하고 있다. 하지만 이 일은 혼자 할 수 없다. 구덩이 속에 있는 수많은 어린이의 손을 내 두 팔로는 다 붙잡을 수 없다. 누군가는 기도로, 누군가는 편지로, 누군가는 결연으로 그 곁에 함께 서야 한다.

우리가 각자의 자리에서 사랑을 나눌 때, 세상의 가장 낮은 곳에 있는 어린이들은 그 사랑을 통해 변화된다. 그 사랑이 한 어린이를 다시 일어서게 한다.

예수님이 바로 그렇게 하셨다. 우리가 죄와 절망의 깊은 구덩이에 빠져 있을 때, 그분은 하늘 보좌에서 명령만 하신 분이 아니었다. "거기서 나와라"라고 외치지 않으셨다. 그분은 내려오셨다. 우리의 연약함을 입으셨고, 우리의 고통 속으로 들어오셨다. 그리고 십자가에서 죽으심으로 우리를 구덩이에서 끌어올리셨다. 이것이 하나님의 긍휼이다. 함께 들어가는 사랑이다.

## 이름을 부르는 일

가난은 단순한 숫자가 아니다. 한 어린이의 이름이고, 한 어린이의 눈물이다. 컴패션은 수많은 숫자 속에 묻혀버린 한 어린이를 '이름'으로 부르는 사역이다. "너는 하나님의 소중한 자녀야"라고 하며, 그 이름을 불러주는 일이다. 한 어린이를 후원한다는 것은 단순히 비용을 지불하는 일이 아니다. 목자가 험한 산을 헤매어 가시덤불에 걸린 한 마리 양을 찾아 나서는 일과 같다. 위험을 계산하지 않고, 시간을 따지지 않고, 끝까지 찾아가는 사랑이다.

긍휼은 숙제가 아니다. 전도는 의무가 아니다. 그것은 잃어버린 한 영혼이 돌아올 때 하늘이 기뻐하는 그 자리에 함께 서는 일이다. 하나님은 그 기쁨을 혼자 누리지 않으신다. 우리를 초대하신다. 사랑은 멀리서 돕는 것이 아니다. 사랑은 함께 내려가는 것이다. 그리고 그 사랑이, 영혼을 살린다.

## 묵상 질문

**1** 나는 누군가를 도울 때 '효율'을 따지는가, 아니면 그 사람의 '영혼'을 먼저 생각하는가?

**2** 내 삶의 구덩이까지 내려와주신 예수님의 사랑이 오늘 내 삶에서 어떻게 기억되고 있는가?

**3** 나는 지금 무엇을 준비하며 살고 있는가? 잠시 머물 이 땅인가, 영원히 머물 하나님나라인가?

앎이 삶이 되어야 한다 ——— 사랑은 결국 행동으로 드러난다

# 사랑의
# 길을 배우다

# 사랑은 새로운 시작을 만든다

    몇 년 전부터 나와 아내를 가장 힘들게 하는 사람이 있다. 말을 해도 듣지 않고, 하지 말라는 것을 꼭 한다. 쉬고 싶을 때 놀자 하고, 놀아줄 수 있을 때는 모른 척 누워 있다. 제멋대로고, 고집이 세다. 그런데도 나와 아내는 그 사람을 세상 누구보다 사랑한다. 바로 다섯 살 된 딸이다.

## 사랑은 매일 새롭게 시작된다

    딸이 고집을 부리면 정말 미울 때가 있다. 이해가 가지 않을 때도 있다. 충분히 알아듣게 설명했는데도 고집을 부리면 화가 난다. 더러운 물건을 꼭 손으로 만지고, 밥 먹기 전에 간식을 먹는 행위를 수십 번, 수백 번 반복한다. 물론 아이가 한 번에 행동을 고치면 좋겠지만 절대 그렇지 않다. 똑같은 잘못을 반복한다. 매번 하지 말라고 혼을 내도 그때뿐이다.

때로는 화가 치밀어 "이제 진짜 안 놀아줄 거야!"라고 말하지만, 딸이 웃으며 안겨오면 마음이 녹아버린다. 나는 생각했다.

'만약 사랑이 없다면, 딸이 아니었다면 이 관계를 유지할 수 있었을까?'

매일 아이와의 관계를 다시 시작한다. 잠든 그 얼굴을 바라보면 하루의 짜증과 피로가 사라진다. 하루의 모든 불평을 무너뜨린다. 사랑은 이렇게 매일 무너지고, 다시 세워진다.

사실 우리도 마찬가지다. 매일 하나님께 불순종하며 살고 있지 않은가? 성인인 우리도 하나님 안에서 변화되는 과정 중에 있다. 예수님이 우리의 죄를 용서해주셨지만, 여전히 죄를 지으며 살아간다. 하나님이 우리를 의롭다 하셨지만, 우리 안에는 여전히 죄성이 남아 있다. 그래서 우리는 때로 하나님의 뜻보다 내 뜻대로 살기를 선택한다. 하나님이 하지 말라고 하신 행동을 기어이 고집대로 한다.

그런데도 하나님은 우리를 포기하지 않으신다. 한 번의 사건으로 끝내지 않으시고, 평생에 걸쳐 우리를 빚어가신다. 그분의 구원은 단번에 이루어졌다. 하지만 그분의 사랑은 매일 새롭게 시작한다.

폴 트립은 《완벽한 부모는 없다》에서 말했다.

"하나님 아버지의 사역은 '사건'이지만, 그분이 주도하시는 변화는 '과정'이다. 하나님은 단 한 순간에 구원하시지만, 평생을 걸쳐 우리를 변화시키신다."

유진 피터슨은《한 길 가는 순례자》에서 이렇게 말했다.

"하나님은 우리의 변화를 서두르지 않으신다. 그분의 사랑은 인내의 시간 속에서 완성된다."

예수님도 우리를 인내하신다. 우리의 완벽함을 바라지 않으신다. 오늘의 부족함 속에서도 사랑으로 기다리신다. 실수하고 넘어져도, 다시 일어나도록 기다려주신다.

하나님은 우리의 부족함에도 매일 새롭게 사랑하신다. 그분의 사랑은 감정이 아니라 약속이다. 그래서 우리는 실패 속에서도 다시 시작할 수 있다.

여호와의 인자와 긍휼이 무궁하시므로 우리가 진멸되지 아니함이니이다 이것들이 아침마다 새로우니 주의 성실하심이 크시도소이다

애 3:22,23

## 사랑은 갈등을 넘어 다시 시작한다

오늘 우리 사회를 보면, 갈등과 분열이 곳곳에서 깊어지고 있다. 남녀는 이해하기보다 비교하고 비난한다. 세대는 서로를

존중하기보다 비웃는다. 국가 간에는 끝없는 경쟁과 증오가 이어진다. 심지어는 교회 안에서도 서로를 향해 상처 주는 모습을 보게 된다. 서로가 옳다고 주장하며 상대를 비난한다. 마더 테레사는 "우리는 의견이 아니라 사랑으로 세상을 바꾼다"라고 말했다.

예수님은 진리와 사랑이 함께 걸을 때만 세상이 회복된다고 말씀하셨다. 사랑 없는 정의는 폭력이 되고, 정의 없는 사랑은 무력해진다. 진리는 방향을 주고, 사랑은 그 길을 걷게 만든다. 그래서 지금 이 시대에 필요한 것은 옳고 그름을 가르는 싸움이 아니다. 상처를 껴안고 다시 손을 내미는 사랑이다.

예수님은 십자가 위에서 '옳음'보다 '사랑'을 선택하셨다. 그분은 죄인을 심판하지 않으셨다. 오히려 자신이 죄인의 자리에 서셨다. 그분의 정의는 정죄가 아니라 사랑이었다. 돌을 드는 손이 아니라 펴진 두 팔이었다. 그분의 공의는 징벌이 아니라 용서였다.

그래서 참된 정의는 언제나 사랑에서 시작된다. 우리가 회복해야 할 것은 정답이 아니라 사랑이다. 사랑은 옳음을 넘어선다. 상처를 넘어 화해를 일으킨다. 그리고 바로 그 사랑이 새로운 시작의 길을 연다.

## 사랑으로 쓰인 형통한 요셉

요셉의 인생을 보며 흔히 '형통한 삶'이라고 말한다. 노예의 자리에서 애굽 총리로 올라갔으니 성공한 인생처럼 보인다. 하지만 자세히 보면 결코 순탄하지 않았다.

요셉은 열일곱 살에 노예로 팔려가 서른 살이 되어서야 총리가 되었다. 십삼 년이라는 시간 동안 모함을 당하고, 감옥에 갇히고, 잊혔다. 그의 인생은 고난의 연속이었다. 결과를 알고 보아도 그 시간은 길고 끔찍하다. 어느 부분을 봐도 '형통'이라는 단어는 어울리지 않는다.

그런데 성경은 "여호와께서 요셉과 함께하시므로 그가 형통한 자가 되어"(창 39:2)라고 분명히 말한다. 요셉의 삶은 그의 뜻대로 풀리지 않았다. 자신이 원해서 노예가 되고, 감옥에 가는 사람은 없다. 그런 그의 삶이 왜 형통한가?

성경이 말하는 '형통'은 우리가 생각하는 형통과 다르다. '형통하다'라는 말은 단순히 일이 잘 풀린다는 뜻이 아니다. 국어사전에 따르면 '형통하다'는 "모든 일이 뜻과 같이 잘되어 간다"라는 의미다. 여기서 핵심은 '누구의 뜻'인가이다.

요셉이 받은 고난은 그의 뜻이 아니었다. 하지만 하나님의 관점에서 보면, 그는 형통한 삶을 살았다. 왜냐하면 그의 삶이 하나님의 뜻대로 이루어졌기 때문이다. 요셉이 애굽으로 팔려가고, 억울하게 감옥에 간 일조차 하나님의 놀라운 섭리 속에서 이루어진 일이었다. 그가 총리가 되었기에 야곱의 가족이 가뭄에서 살아남을 수 있었고, 이스라엘의 역사가 이어질 수 있었다. 모든 것은 요셉의 뜻이 아니라 하나님의 뜻대로 잘 풀린 것이다.

'형통'이란 내 뜻이 아니라 하나님의 뜻이 나를 통해 이루어지는 것이다. 하나님 없이 잘 풀리는 것은 형통이 아니다. 그것은 오히려 비극이다. 잠언은 "너는 악인의 형통함을 부러워하지 말며 그와 함께 있으려고 하지도 말지어다"(잠 24:1)라고 말한다. 세상에서 사람들이 잘 되고 성공하는 것처럼 보여도 그 안에 하나님의 뜻이 없다면, 진정한 형통이 아니다.

요셉이 형통한 자였던 이유는 하나님이 그와 함께하셨고, 그가 하나님의 뜻을 따르는 사람이었기 때문이다. 요셉은 어떤 상황에서도 하나님의 뜻을 구하고, 그 뜻대로 살아갔다.

우리 역시 예수 그리스도를 통해 하나님과 함께하는 삶을 살 수 있게 되었다. 예수님이 십자가에서 죽으시고 부활하심으로 하나님과의 관계가 회복되었다. 이제 형통한 삶이란, 내가 원하는 대로 되는 인생이 아니라 하나님의 뜻이 나를 통해 이루어지는 인생이다.

요셉의 형통은 사랑에서 비롯되었다. 하나님을 사랑했기에 그분의 뜻을 신뢰했고, 사람을 사랑했기에 용서를 선택했다. 그의 사랑은 하나님의 뜻을 이루는 통로였다. 그래서 진짜 형통은 내 뜻이 아니라 하나님의 사랑이 나를 통해 이루어지는 것이다.

사랑은 하나님의 뜻을 이루는 능력이며, 그 사랑이 있는 곳에는 언제나 새로운 시작이 있다.


## 삶의 새로운 시작

고(故) 조용기 목사님은 한때 이렇게 기도했다고 한다.

"하나님, 복음을 위해 어디든 가겠습니다. 단, 일본만은 가지 않겠습니다."

그의 마음 깊은 곳에는 일제 강점기에 일본이 한국에 행한 잔혹함에 대한 분노와 상처가 있었다. 그는 일본을 생각하면 피가 거꾸로 솟는 것 같다고 말했다. 하지만 하나님은 그에게 일본으로 가서 복음을 전하라는 부르심을 주셨다.

오랜 내적 갈등 끝에 마지못해 일본으로 향했다. 첫 설교 자리는 천 명의 일본 목회자가 모인 콘퍼런스였다. 그는 강단에 올라 말을 꺼냈다.

"당신들을 증오합니다. 당신들을 증오합니다. 당신들을 증오합니다."

그는 그렇게 세 번을 외치다 울음을 터뜨렸다. 억눌렸던 분노와 상처가 한순간에 터져 나왔다. 그때 일본 목회자들이 하나둘 자리에서 일어났다. 그들은 강단 앞으로 나와 조용기 목사님의 발 앞에 무릎을 꿇고, 일제의 죄와 자신들의 무지함을 고백하며 용서를 구했다. 그때 하나님께서 목사님의 마음을 바꾸셨다. 그의 입에서 전혀 다른 말이 흘러나왔다.

"당신들을 사랑합니다. 당신들을 사랑합니다. 당신들을 사랑합니다."

사랑은 새로운 이야기를 만든다. 끝에서 다시 시작하게 한다. 증오의 자리를 용서로, 상처의 자리를 회복의 자리로 만든다. 사랑은 인간의 힘으로는 불가능한 일을 가능하게 한다. 하나님께서 개입하실 때, 미움은 사라지고 사랑이 자란다.

### 사랑은 나를 변화시킨다

나는 어릴 때부터 세상이 말하는 성공 공식을 믿었다.

"좋은 대학 + 좋은 직업 = 성공 = 행복."

명문대에 가면 탄탄대로가 열리는 줄 알았다. 그래서 초등학교 때부터 내 꿈은 미국 아이비리그에 가는 것이었다. 중학생이 되어 미국 시골로 유학을 갔다. 학년 전체에서 한국인은 나 하나였다. 학생 대부분이 백인이었고, 흑인도 세 명밖에 없었다. 인종차별이 심한 동네였다. 길을 걷다가 "너네 집으로 돌아가! 아시안 몽키"라는 말을 듣기도 했다.

모든 걸 참고 버티며 단 한 가지 목표만 붙들었다.

'성공해야 한다. 좋은 대학에 가야 한다.'

그리고 결국 미국 상위권 대학인 에모리대학교(Emory University, 당시 US News 17위)에 입학했다. 몇 년 동안 꿈꾸던 성취였다. 그런데 막상 합격증을 손에 쥐고 캠퍼스에 들어가니 이상한 일이 벌어졌다. 기쁨이 석 달도 가지 않았다. 대학에 간 순간부터 가슴이 텅 빈 것처럼 느껴졌다.

'이게 다였어? 그럼 나는 앞으로 뭘 위해 살아야 하지?'

성공의 문이 열렸지만 그 안에는 행복이 없었다. 열심히 노력해 얻은 성취의 끝은 '허무함'이었다. 그때 처음으로 깨달았다. 세상이 말하는 성공은 결국 나를 더 외롭게 만든다는 것을. 그 공허함이 나를 하나님께로 이끌었다.

나는 하나님 안에서 의미와 가치를 발견했다. 하나님의 사랑이 내 인생의 방향을 완전히 바꿨다. 세상의 성공이 아닌 천국에서의 성공을 바랐다. 사람의 시선이 아니라 하나님의 시선을 바라보게 되었다.


## 우리의 새로운 시작

우리의 변화는 하나님으로부터 시작된다. 나를 향한 하나님의 사랑이 십자가를 통해 이루어졌다. 십자가는 우리의 새로운 시작이다. 예수님은 십자가에서 하나님과 인간 사이를 화해하게 하셨다. 원수 된 우리를 하나님의 자녀로 삼으셨다. 예수님은 고통의 자리에서 사랑을 택하셨다. 그분은 정의의 이름으로 세상을 심판하지 않으셨다. 오히려 사랑의 이름으로 세상을 품으셨다. 십자가 사랑으로 죽음을 이기셨다.

그로 인해 절망은 소망으로, 단절은 화해로 바뀌었다. 사랑은 십자가에서 완성되었다. 그리고 그 십자가에서 우리의 이야기는 다시 시작되었다.

사랑은 끝이 아니라, 새 시작의 이름이다.

**묵상 질문**

**1** 나는 지금 무엇을 성공이라고 정의하며 달려가고 있는가? 그 끝에는 무엇이 있을까?

**2** 하나님께서 내 인생에 주신 '새로운 시작의 사랑'을 처음 경험했던 순간은 언제였는가?

**3** 오늘 나는 십자가에서 시작된 그 사랑을 어떻게 다시 삶의 중심에 둘 수 있을까?

# 하나님 사랑은 질서의 회복이다

사람들은 자주 이렇게 묻는다.

"어떻게 하면 잘살 수 있을까?"

"어떻게 하면 성공할 수 있을까?"

"어떻게 하면 관계가 좋아질까?"

방법을 찾기 위해 끝없이 헤맨다. 유튜브에도 '성공하는 5가지 습관', '관계가 좋아지는 7가지 방법' 같은 영상이 넘쳐난다. 우리 시대는 '방법'에 목마른 시대다.

멀티꿈의교회 성장의 비결을 묻는 사람들도 많다.

"어떻게 이렇게 빨리 교회가 성장할 수 있었습니까?"

그때마다 안희묵 목사님의 대답은 한결같다.

"사랑하면 방법이 보입니다."

그러면 다시 묻는다.

"그래서 '어떻게' 하면 됩니까?"

세상은 방법을 묻지만, 성경은 전혀 다른 순서를 제시한다. 사랑도, 신앙도, 인생도 'How'(어떻게)에서 시작되지 않는다. 'Who'(누구)부터 시작된다. 영적 질서는 '누가, 왜, 어떻게'의 순서로 세워진다. 우리가 하나님을 알지 못하면, 삶의 이유도, 목적도 흔들릴 수밖에 없다. 수많은 방법을 배워도 방향이 없으면 결국 공허할 뿐이다.

## 사랑의 질서

사랑도 마찬가지다. 사랑은 방향이다. 사랑의 시작은 '어떻게 사랑할까?'가 아니라 '왜 사랑하는가, 그리고 누구를 사랑하는가?'로부터 시작된다.

요한복음 3장 16절에 이 모든 순서가 담겨 있다.

하나님이 세상을 이처럼 사랑하사 독생자를 주셨으니 이는 그를 믿는 자마다 멸망하지 않고 영생을 얻게 하려 하심이라 요 3:16

짧은 한 구절 속에 인생의 질서, 신앙의 중심, 그리고 영원한 생명의 길이 모두 들어 있다.

하나님을 알고(Who),

그 사랑에 반응하며(Why),

그분의 뜻대로 살아가는 것(How).


이 순서를 바로 세울 때, 사랑은 진짜 생명이 된다.


### 하나님을 아는 것 – Know Who

"하나님이 세상을…"(요 3:16).

모든 것은 하나님으로부터 시작된다. 창세기 1장 1절도 "태초에 하나님이 천지를 창조하시니라"이다. 모든 질서는 하나님으로부터 비롯되었다.

우리의 삶 역시 나로부터가 아니라 하나님으로부터 시작된다. 하나님께서 나를 지으셨고, 생명을 주셨으며, 오늘도 인도하고 계신다. 따라서 진정한 삶은 '나'를 이해하는 데서가 아니라 '하나님'을 아는 데서 시작된다.

찰스 스펄전은 "하나님을 알지 못하면, 우리는 자기 자신도 알지 못한다"라고 말했다. 하나님을 알 때에야 우리는 비로소 내가 어디서 왔는지, 왜 존재하는지, 어디로 가야 하는지를 알게 된다.

하나님으로부터 생명을 받은 우리가 하나님을 떠나 산다면 결국 시들 수밖에 없다. 뿌리에서 잘린 꽃이 더 이상 살 수 없듯, 하나님 없는 인간은 생명을 잃은 존재다.

하나님을 사랑한다는 것은, 하나님을 아는 것에서 시작된다. 머리로가 아니라 인격적으로 알아야 한다. 이론이 아니라 관계로 하나님을 알아야 한다. 그것이 사랑의 첫걸음이다.


## 하나님의 사랑에 반응하는 것 – Know Why

"하나님이 세상을 이처럼 사랑하사…"(요 3:16).

하나님이 행하시는 모든 일의 이유는 사랑이다. 하나님은 우리가 잘해서 사랑하신 게 아니다. 우리가 죄인 되었을 때조차 먼저 사랑하셨다. 십자가는 하나님의 사랑의 증거다. 그분은 말로만 사랑을 말씀하지 않으셨다. 몸으로, 피로, 생명으로 사랑을 확증하셨다.

나 또한 그 사랑을 흘려보내고자 사회복지를 공부하기 시작했다. 누군가가 내게 물었다.

"그렇게 공부해놓고, 돈은 어떻게 벌래?"

틀린 말은 아니었다. 성공과 돈을 추구하던 내가 사회복지를 공부하고, 컴패션에 오게 된 이유도 그것 하나다. 하나님께 받은 사랑이 너무 커서 누군가에게 흘려보내고 싶었다. 돈을 따르는 삶이 아니라, 사랑을 전하는 삶을 살고 싶었다.

하지만 우리는 종종 그 사랑을 잊는다. 처음 예배가 기쁨이었고, 기도가 대화였던 때가 있었다. 그러나 시간이 지나면서 사랑이 의무로 바뀌고, 예배는 숙제가 되고, 섬김은 부담이 된다.

왜일까? 우리가 'How'만 남기고 'Why'를 잊었기 때문이다.

J. I. 패커(James Innel Packer)는 "하나님을 알지 못한 채 하는 예배는, 사랑 없는 편지가 되고, 생명 없는 노래가 된다"라고 말했다. 하나님을 사랑한다는 것은, 그분의 사랑을 기억하고, 그 사랑에 다시 사랑으로 반응하는 것이다.

하나님께서 우리를 먼저 사랑하셨기에, 우리는 그 사랑에 반응할 수 있다. 요한일서 4장 19절은 "우리가 사랑함은 그가 먼저 우리를 사랑하셨음이라"라고 한다. 신앙은 결국 관계이고, 관계는 사랑의 연결이다.

예배는 하나님의 사랑에 대한 반응이며, 기도는 그분과의 사랑의 대화다. 하나님을 사랑한다는 것은 그분의 사랑을 잊지 않는 것이다.


## 하나님의 뜻대로 살아가는 것 – Know How

"독생자를 주셨으니…"(요 3:16).

하나님의 사랑은 감정이 아닌 행동이었다. 하나님은 가장 귀한 아들을 내어주심으로 사랑을 이루셨다. 하나님을 사랑한다는 것은, 하나님의 방식을 신뢰하며 사는 것이다. 내 방식이 아니라, 그분의 방식을 따르는 삶이다.

우리는 흔히 '내가 잘할 수 있는 게 뭐지? 어떤 길이 더 편할까?'라고 묻는다. 하지만 순서가 잘못되었다. 믿음의 사람은 '하나님이 원하시는 뜻은 무엇인가? 예수님이라면 어떻게 하셨을까?'라고 물어야 한다.

이는 신앙생활, 일터, 가정, 교회 모두 동일하다. 사역이나 사업을 할 때, '어떻게 하면 돈을 많이 벌 수 있을까? 어떻게 하면 성공적인 행사를 진행할 수 있을까?'를 먼저 고민한다.

하지만 '어떻게'보다 '누구를 위해, 왜'가 먼저다. 순서가 맞으면 방법은 자연스럽게 따라온다.


아이가 말을 너무 안 들어서 답답하다면서 한 부부가 상담을 요청했다. 그러면서 자신들이 아이를 위해 생일파티를 준비했는데, 파티를 시작하기도 전에 아이가 케이크를 먼저 퍼먹었다는 것이다. 그래서 화를 냈다고. 사진을 찍고 케이크를 먹어야 하는데 케이크가 망가져서 속상한 마음에 화를 낸 것이다.

이야기를 듣다가 조심스럽게 물었다.

"생일파티가 아이를 위한 것이었나요? 부모님을 위한 것이었나요?"

"아이를 위한 파티였지요."

"그럼, 아이가 행복했다면 괜찮지 않을까요?"

때로는 내 최선이 상대방의 최선이 아닐 수 있다. 내 방식이 상대에게 맞지 않을 수 있다. 내 방식을 고집하고 강요하는 것이 갈등의 원인이 되기도 한다.

신앙생활도 마찬가지다. 하나님을 위한 삶은 하나님의 방식대로 살아야 한다. 그분의 뜻대로 살아야 한다. 사랑도, 헌신도, 사명도 내 방법이 아니라 하나님 방식이어야 한다. 결국 순서가 맞지 않으면 방향도, 결과도 흔들릴 수밖에 없다.

## 순서를 회복할 때 사랑이 살아난다

"이는 그를 믿는 자마다 멸망하지 않고 영생을 얻게 하려 하심이라"(요 3:16).

하나님을 알고(Who), 그분의 사랑에 반응하고(Why), 그 뜻대로 살아갈 때(How), 우리는 영생을 경험한다. 영생은 단지 죽은 후의 천국만을 의미하지 않는다. 요한복음 17장 3절은 "영생은 곧 유일하신 참 하나님과 그가 보내신 자 예수 그리스도를 아는 것이니이다"라고 말한다.

영생은 하나님을 아는 삶이다. 하나님을 알고 사랑할 때, 그분의 생명이 지금 이곳에서 우리 안에 흐른다. 삶의 순서를 바로 세울 때, 우리의 매일은 영생의 연장선이 된다.

하나님을 사랑한다는 것은 그분을 알고, 그 사랑에 반응하며, 그분의 뜻대로 살아가는 것이다. 이 순서를 회복할 때, 우리의 사랑은 흔들리지 않는다. 그리고 그 사랑 안에서 우리는 사랑의 삶을 살게 된다.

우리가 진짜 살아나는 순간은 하나님을 다시 일순위로 올려놓을 때다. 첫째도 하나님, 둘째도 하나님, 셋째도 하나님! 그분을 알고(Who), 그분의 사랑에 가슴이 뛰고(Why), 그분의 뜻대로 한 걸음 내딛을 때(How), 내 안에 잠들어 있던 사랑이 숨 쉬기 시작한다.

사랑이 힘든 이유는 내가 일순위이기 때문이다. 사랑이 식는 이유는 내가 하나님 자리를 차지했기 때문이다. 하나님을 일순위로 돌려놓는 순간부터 사랑은 매일 새롭게 시작된다.

## 묵상 질문

**1** 나는 최근에 하나님을 '알아가는 관계'보다 '방법을 찾는 노력'에 더 집중한 적은 없는가?

**2** 내가 사랑을 잃고 지쳤던 이유가 '왜' 사랑해야 하는지 잊어버렸기 때문은 아니었는가?

**3** 지금 내 삶에서 하나님께 "예수님이라면 어떻게 하셨을까?"라고 묻고 다시 순서를 바로 세워야 할 영역은 무엇인가?

**4** 하나님 방식보다 내 방식이 더 옳다고 우기는 영역이 있는가? 그 부분을 하나님께 온전히 맡기지 못하는 이유는 무엇일까?

**17**

# 빚진 자의 사랑

피차 사랑의 빚 외에는 아무에게든지 아무 빚도 지지 말라 남을 사랑
하는 자는 율법을 다 이루었느니라 **롬 13:8**

바울은 우리에게 '사랑의 빚'을 지라고 한다. 여기서 "피차 사
랑의 빚"으로 번역된 헬라어 '토 알렐루스 아가판'은 '서로 사랑
하는 것'이라는 뜻이다. 우리는 모두 빚진 자다. 하나님의 사랑
에 빚을 졌다. 하나님께서 먼저 우리를 사랑하셨다. 그 사랑이
너무 커서, 갚을 수도, 비교할 수도 없다. 사랑을 갚는 유일한
방법은 그 사랑을 다시 흘려보내는 것뿐이다.

우리가 하나님을 사랑해야 하는 이유는 의무나 율법 때문이
아니다. 이 빚은 부담의 빚이 아니라, 너무 귀해서 되갚고 싶은
사랑의 빚이다. 우리가 하나님을 사랑하는 것은 책임이 아니라

감사의 표현이다.

하나님께서는 우리가 '사랑해야 한다'라는 명령보다 '사랑받았음'을 기억하기를 원하신다. 그분의 사랑이 먼저였고, 우리의 사랑은 그분의 사랑에 대한 반응이다. 하나님께서는 먼저 우리에게 손을 내밀어주셨다. 우리가 아직 죄인 되었을 때, 하나님에게서 등을 돌렸을 때조차 우리를 향해 걸어오셨다. 그래서 우리의 사랑은 하나님을 향한 '응답'이다. 그분의 사랑이 먼저였고, 우리의 사랑은 그 사랑에 대한 반향이다.


## 사랑은 율법을 넘어서는 순종이다

온 율법은 네 이웃 사랑하기를 네 자신같이 하라 하신 한 말씀에서 이루어졌나니 갈 5:14


하나님이 우리에게 주신 율법의 목적은 사랑이다. 남을 사랑하는 자는 율법을 다 이룬다. 이 말은 단순히 계명을 지키라는 뜻이 아니다. 사랑의 관점에서 모든 율법을 다시 읽으라는 것이다.

사람들은 율법을 사랑의 언어로 읽지 못했다. 율법은 원래 하나님과의 관계를 지키기 위한 사랑의 울타리였는데, 인간은 그것을 '점수표'로 바꾸었다. 자신의 의를 드러내기 위한 도구로 사용했다. 얼마나 잘 지켰는가로 자신을 평가하고 얼마나 어겼는가로 남을 정죄했다. 하지만 바울은 말한다.

'율법의 완성은 행위가 아니라 사랑이다'(롬 13:10 참조).

하나님의 율법은 단순한 행동의 금지가 아니다. 마음의 변화를 요구한다. 그래서 참된 순종은 억지로 '하지 않는 것'이 아니라, 사랑으로 '하려는 마음'에서 나온다. 율법은 외적인 규율이지만, 사랑은 내적인 순종이다. 율법은 두려움으로 따르게 하지만, 사랑은 기쁨으로 따르게 한다.

결국 사랑은 율법을 넘어선다. 사랑은 율법의 목적이자, 율법이 도달하고자 했던 완성이다. 우리가 사랑할 수 있는 이유는 먼저 그런 사랑을 받았기 때문이다. 그 사랑이 얼마나 크고 놀라운지를 깨달을 때, 우리의 순종은 더 이상 부담이 아니라 기쁨이 된다.

사랑은 억압이 아니라 자유를 낳는다. 하나님을 사랑하는 사람은 율법을 지키려 애쓰지 않아도 이미 율법의 마음 안에 서 있는 사람이다.


## 사랑은 변화를 동반한다

권혁빈 목사는 《사랑에 이르는 신학》에서 "예수님을 통해 하나님을 만난 사람은 예수님처럼 사랑의 계시자가 된다. 삶을 통해 다른 사람들이 주님을 만날 수 있게 하는 존재가 된다. 그리고 그때, 세상 속에서 '사랑'이 된다"라고 썼다.

참된 신앙은 사랑의 체험을 지나 사랑의 실천으로 이어진다. 하나님을 만난 사람은 그 사랑을 단순히 느끼는 데서 멈추지 않는다. 그 사랑이 삶을 바꾼다. 마음의 방향이 바뀌고, 관계의 태도가 달라진다. 미워하던 이를 위해 기도하게 되고, 무심했던 사람에게 마음이 가고, 나를 괴롭히던 상황 속에서도 감사의 이유를 찾게 된다.

우리는 스스로 사랑할 능력이 없다. 사랑은 하나님께 속한 것이다(요일 4:7). 인간의 사랑은 언제나 한계가 있다. 사랑하다가도 상처받으면 미움으로 바뀌고, 조건이 깨지면 마음도 식는다. 하지만 하나님의 사랑은 다르다. 그 사랑은 흘러들어오면 머무르지 않고, 우리를 변화시킨다. 그 변화는 억지로 되는 것이 아니다. 하나님의 사랑이 우리 안으로 스며들 때, 내 마음이 그 사랑의 모양을 닮아간다.

하나님을 사랑하면 자연스럽게 그분이 기뻐하시는 일을 하게 되고, 싫어하시는 일을 하지 않게 된다. 하나님이 무엇을 원하시는지는 율법을 통해 알 수 있다.

물론 우리는 율법으로 구원받지 않는다. 예수님이 십자가의 사랑으로 율법을 완성하셨다. 그래서 더 이상 구약의 제사 제도나 절기를 지킬 필요는 없다. 예수님이 완전한 제물이 되셔서 우리의 죄를 단번에 사하셨기 때문이다.

그렇다고 율법이 불필요해진 것은 아니다. 십계명과 같은 도덕적 가르침은 여전히 유효하다. 우리가 그것을 지키는 이유는 구원을 얻기 위해서가 아니라, 하나님을 사랑하기 때문이다. 사랑은 의무가 아니라 반응이다. 그래서 억지로가 아니라 자연스럽게 순종이 흘러나온다.


## 사랑하면 행동이 바뀐다

사랑하는 사람의 기쁨을 위해 그가 원하는 것을 하게 되고 그가 싫어하는 것은 피하게 된다.

내게도 그런 변화가 있었다. 사실 나는 설거지를 정말 싫어했다. 오랜 자취 생활로 청소, 빨래, 요리는 할 수 있었지만, 설거지만큼은 도무지 손이 가지 않았다. 손 피부가 약해서 어릴 때부터 자주 갈라지고 약을 발라야 했기 때문이다.

그래서 아내와 연애할 때, 장난스럽게 말했다.

"손에 물 한 방울 안 묻히게 해줄게. 내가 고급 고무장갑을 사줄게."

결혼 후에도 청소나 요리는 했지만, 설거지만큼은 피했다. 그런데 아이가 태어나고, 종일 육아로 지친 아내의 모습을 보며 마음이 바뀌었다. 내가 대신해줄 수 있는 일이 많지 않았다. 그래서 고무장갑을 끼고 싱크대 앞에 섰다. 그날부터 설거지는 '의무'가 아니라 '사명'이 되었다. 지금도 기쁜 마음으로 한다.

사랑하면 행동이 변한다. 하나님을 사랑하는 사람도 마찬가지다. 사랑은 습관을 바꾸고, 삶의 방향을 바꾼다.


## 사랑은 가까이 있고 싶은 마음이다

사랑하면 함께 있고 싶다. 같이 시간을 보내고, 대화하고, 나누고 싶다. 그래서 하나님을 사랑하는 사람은 하나님과의 시간을 소중히 여긴다. 기도는 의무가 아니라 대화가 되고, 예배는 형식이 아니라 만남이 된다. 헌신과 섬김은 부담이 아니라 기쁨이 된다.

뉴욕에 사는 한 남자가 있었다. 그는 한국에 사는 여자친구를 보기 위해 이 주에 한 번씩 비행기를 타고 한국을 오갔다. 주말 이틀을 함께 보내기 위해 수천 킬로미터를 날아왔다. 사랑하니 시간도, 돈도 아깝지 않았다.

우리도 그렇다. 하나님을 사랑하면, 예배의 시간이 아깝지 않다. 하나님을 향한 헌신이 희생이 아니라 감사가 된다. 하나님을 사랑한다는 것은 하나님께 더 가까이 가고 싶은 마음이다. 사랑은 시간을 내는 것이다. 가까이 있으려는 의지다. 하나님과 가까이할수록 우리는 그분을 닮아간다. 하나님과 함께 머무는 시간이 길수록, 하나님을 닮아간다.

하나님을 사랑하는 사람은 결국 사랑으로 돌아간다. 하나님을 닮아가고, 그분의 마음을 품게 된다. 그 사랑을 아는 사람은 점점 사랑 그 자체가 되어간다. 그리고 그 사람의 삶은 또 다른 누군가에게 사랑의 시작이 된다.

**묵상 질문**

1  나는 하나님께 받은 사랑을 '빚'이 아니라 '부담'으로 오해하
   고 있는 부분은 없는가?

2  하나님을 사랑함으로 인해 실제로 바뀐 행동이나 습관이 내
   삶에 있는가?

3  하나님과 더 가까이 있고 싶은 마음이 내 일상에서 어떻게
   드러나고 있는가?

4  하나님께 드리는 시간(예배 · 기도 · 말씀)은 내게 형식인가, 아
   니면 사랑하는 분을 만나고 싶은 기쁨의 시간인가?

# 나를 사랑하다

결혼정보회사의 등급표에는 학벌, 수입, 키, 몸무게가 점수로 매겨져 있다. 나는 몇 점인지 궁금해서 이 기준표에 나 자신을 대입해보았다. 결과는 55점, F였다.

만약 인생이 수업이라면 재수강을 해야 할 점수다. 하지만 인생은 재수강이 되지 않는다. 열심히 살아왔는데, 세상의 기준으로 계산하니 나는 실패자였다. 그래서 묻게 된다.

'나는 정말 55점짜리 인간일까?'

세상은 끊임없이 사람을 평가한다. 누구나 한 번쯤은 '나는 괜찮은 사람일까?'라는 질문 앞에 서게 된다. 그 질문에 대한 답은 대부분 세상의 기준에서 나온다. 오늘날 사람들은 자신의 존재 가치를 관계와 환경 속에서 증명하려 한다.

학교 성적, 직장, 수입, 외모, SNS의 팔로워 수, 좋아요 수 등으로 인간의 가치를 점수화한다. 그래서 우리는 끊임없이 '조금 더 나은 나'가 되기 위해 애쓰며 살아간다.


## 나는 예수님짜리

많은 사람이 하나님과의 관계가 중요하다는 건 알고 있다. 하지만 정작 자신과의 관계는 별로 신경을 쓰지 않는다. 예수님은 마가복음 12장 31절에서 "네 이웃을 네 자신과 같이 사랑하라"라고 말씀하셨다. 대부분 이 말씀을 들으면 '이웃을 사랑하라'라는 명령에만 집중한다. 그래서 남을 섬기고 베푸는 일에는 열심이지만, 정작 '자신을 사랑하는 일'에는 소홀하다.

하나님의 크신 은혜를 경험하고도, 그 은혜가 '나에게 임했다'는 사실을 깨닫지 못하는 경우가 많다. 특히 이런 현상은 한국 사람들에게 더 심한 것 같다. 한국 사회에는 유교적인 사상이 깊이 자리 잡고 있어서, 겸손해야 한다고 배운다. 자신을 낮게 보는 게 미덕이고, 겸손이 덕목이라고 여긴다. 그런데 문제는 단순히 겸손한 수준을 넘어서 자신을 과도하게 낮추고, 스스로를 사랑하지 못한다는 데 있다.

게다가 동양인은 서양인에 비해 자존감이 낮은 편이다. 그렇다고 자존심이 약한 건 아니다. 자존심과 자존감은 다르다. 자존심은 남보다 낮아지지 않으려는 마음이고, 자존감은 '나는 사랑받을 만한 존재'라는 믿음이다.

심리학에서도 자존감을 굉장히 중요하게 여긴다. 자존감을 높이는 프로그램도 많다. 그런데 진짜 중요한 것은 내 가치를 '누가 평가하느냐'이다. 사람은 관계 속에서 살아간다. 그러다 보니 자연스럽게 타인의 시선과 말에 신경을 쓰게 된다. 우리가 상처받고 흔들리는 이유도 결국 사람의 말과 시선에 내 가치를 두기 때문이다. '나는 사랑받을 가치가 있어'라고 스스로 다짐해도, 주변 사람들이 나를 인정해주지 않으면 자존감은 금방 무너진다.

그래서 우리는 자존심도, 자존감도 아닌 '주존감'(主尊感)으로 살아야 한다. 내가 아니라 하나님이 내 값을 정하셨기 때문이다. 그리스도인에게 진짜 중요한 질문은 "누가 나를 얼마짜리라고 했는가?"이다.

하나님은 이미 말씀하셨다.

'너는 내 독생자의 피값이다. 예수님짜리다.'

이 믿음이 바로 서는 순간, 누가 뭐라 해도 더 이상 흔들리지 않는다.


## 주존감으로 살아가기

만약 내 안에 주존감이 없었다면 나는 미국 유학 시절을 견디지 못했을 것이다. 인종차별이 굉장히 심하고 보수적인 앨라배마 주 버밍햄에서 고등학교를 다녔다. 그곳은 목화밭에서 흑인 노예를 부리던 곳이고, KKK 단체(인종 혐오 행위로 악명 높은 백인 우월 단체)가 시작된 곳이기도 하다. 아시아 사람이 거의 없던 동네라, 한국이라는 나라를 들어본 적도 없는 친구들이 많았다.

그래서 의도치 않은 인종차별도 있었고, 노골적인 차별도 많았다.

"너희는 다 똑같이 생겨서 구분이 안 된다", "눈이 왜 이렇게 작냐?", "북한에서 왔냐, 남한에서 왔냐?" 이런 말들을 매일같이 들었다.

내가 축구팀에 있었는데, 한 친구가 경기 전에 이렇게 말했다.

"오늘 골 넣으면 영주권 줄게. 열심히 해!"

장난처럼 말했지만, 그 안엔 분명한 차별이 담겨 있었다. 또 어떤 친구는 손가락으로 눈을 찢어 올리면서 웃었다. 그래서 내가 이렇게 말했다.

"야, 눈 작으면 좋은 거야. 먼지도 덜 들어가고, 수업시간에 졸아도 티가 잘 안 나."

내게는 주존감이 있었기에 전혀 기죽지 않았다. 세상을 만드신 하나님이 내 아버지인데, 그 친구들이 뭐라고 하든 무슨 상관이 있겠는가.

'너희가 뭐라 하든, 나의 가치는 변하지 않는다. 나의 정체성은 변하지 않는다. 나는 하나님의 자녀'라는 마음으로 살았다. 그리고 아버지도 늘 "사람의 평가를 두려워하지 말고, 하나님의 평가를 두려워하는 사람이 되어라"라고 하셨다.

우리는 사람으로부터 내 가치를 확인하는 것이 아니라, 하나님으로부터 내 가치를 확인해야 한다. 왜냐하면 우리의 가치는 사람이 아니라 하나님이 정하시는 것이기 때문이다.

## 비싼 걸 소중하게

너희는 값으로 사신 것이니 사람들의 종이 되지 말라 고전 7:23

여기서 말하는 '값'이 바로 우리의 가치다. 내가 돈을 주고 물건을 사면 그 물건은 내 것이 되듯이, 하나님께서 값을 치르고 우리를 사셨기 때문에 우리는 하나님의 소유다.

그렇다면 그 값은 얼마일까? 우리의 가치는 도대체 얼마짜리일까? 나는 경제학 전공자는 아니지만, 대학교 때 들었던 경제학 수업 몇 개를 떠올려 본다. 보통 어떤 물건의 가격은 그 물건의 가치와 비례한다. 물건을 살 때 그 정도 가치가 있다고 생각하니까 그 값을 지불하는 것이다. 그 이상이면 사지 않는다.

집에 가는 길에 잠깐 목말라서 편의점에 들렀는데 생수 한 병이 이만 원이라면 사지 않는다. 집에 가면 똑같은 생수가 수십 병이나 있는데 굳이 살 필요가 없다. 그냥 조금 참으면 된다.

그런데 만약 사막 한가운데서 길을 잃었다고 생각해보자. 물은 다 떨어지고, 사십 도가 넘는 더위 속에서 열두 시간 넘게 아무것도 마시지 못한 상태다. 그때 어떤 사람이 물 한 병을 이만 원에 판다면? 아마 십만 원을 주고라도 살 것이다. 그만큼 절박하기 때문이다. 그 물 한 병의 값이 지금은 '생명값'이기 때문이다. 결국 물건의 가치는 상황과 관계 속에서 결정된다.

내가 아무리 팔고 싶어도 내가 코 푼 휴지를 누가 사겠는가? 하지만 축구선수 메시(Messi)가 눈물과 콧물을 닦은 휴지는 약 십억 원에 경매 사이트에 올라왔다고 한다. 그 이유는 단 하나다. '누가 썼느냐'가 그 가치를 정하기 때문이다.


우리는 55점짜리가 아니다(독자들은 점수가 더 높을 수도 있지만). 우리는 예수님짜리다. 하나님은 우리의 가치를 매기실 때, 사랑하는 독생자 예수님의 생명을 주시면서까지 값을 치르셨다. 그만큼 우리를 귀하게 여기셨다. 우리가 그만큼 비싸고 소중한 존재라는 뜻이다.

비싼 건 소중히 다뤄야 한다. 나 자신을 함부로 대하지 말고, 귀하게 여겨야 한다. 왜냐하면 내 몸은 내 것이 아니라 하나님의 것이기 때문이다. 하나님께서 나를 귀하게 여기시기 때문이다.

그리스도인이라면 자신을 낮게 평가하지 말아야 한다. 하나님이 높게 평가하신 존재인데, 내가 나를 하찮게 여기는 건 하나님을 의심하는 일이다. 스스로를 낮추는 건 겸손이 아니다. 하나님이 나에게 지불하신 값을 값싸게 여기는 것이다.

나 자신을 사랑하는 건 교만이 아니다. 자기 자신을 사랑하는 건, 나를 사랑하신 하나님께 감사하는 일이다.

나를 소중히 여긴다는 건 단지 마음만의 문제가 아니다. 육체적으로도, 정신적으로도, 영적으로도 건강하게 사는 걸 의미한다. 거룩한 성전인 내 몸을 잘 관리해야 한다. 음식을 가려 먹고, 운동도 하고, 충분히 쉬는 것도 필요하다. 몸과 마음을 혹사시키는 건 자신을 소중히 여기는 게 아니다.

무엇보다 영적으로 건강해야 한다. 우리는 하나님께 속한 존재이기 때문에, 하나님 안에 머물러야 한다. 하나님과 가까이 있을 때 영혼이 살아난다.


## 나의 정체성

하나님께서 값을 지불하시고 나를 사셨을 때, 나의 정체성은 완전히 바뀌었다. 세상이 나의 가치를 판단할 수 없는 것처럼, 세상은 내가 누구인지 정의할 수도 없다. 그리스도인은 외모나 사회적 지위, 관계로 자신을 정의하지 않는다. 오직 하나님만이 우리가 누구인지 정의하실 수 있다. 하나님께서는 우리를 자녀로 삼아주셨다(엡 1:5).

하나님은 우리에게 말씀하신다.

'너는 내 자녀다. 너는 내 사랑하는 아들이다. 너는 내 사랑하는 딸이다.'

이것이 우리를 정의하는 유일한 관계다. 나는 하나님과 '아버지-자녀'의 관계 안에 있다. 하나님이 나의 아버지이시고, 나는 창조주 하나님의 자녀다.

우리의 정체성을 결정짓는 건 세상에서의 관계가 아니라, 하나님과의 관계다. 조건 없는 사랑을 받는 관계, 은혜로 자녀 된 관계다. 나를 버리지 않으시고 어떤 상황 속에서도 나를 사랑하시는 하나님이 나의 아버지가 되신다. 이 관계는 절대 끊을 수 없는 관계다. 그리고 이 관계는 오직 하나님의 은혜로 이루어졌다.

다른 사람들이 아무리 나를 깎아내리고 무시해도, 나의 정체성은 변하지 않는다. 왜냐하면 하나님이 나를 자녀라고 부르셨기 때문이다.


## 하나님을 바라보라

사람들과 함께 살아가는 세상에서 사람의 시선을 완전히 무시할 순 없다. 하지만 그 시선에 휘둘려 살 필요는 없다. 내가 살아가는 이유와 방향은 사람의 말이 아니라, 하나님의 말씀 안에 있다. 왜냐하면 하나님만이 내가 누구인지를 정의하는 분이시기 때문이다.

나를 사랑한다는 것은 나를 최고라고 착각하는 것이 아니다. 하나님이 나를 귀하게 만드셨다는 사실을 믿는 것이다. 그러니 나를 사랑하는 것은 자기애가 아니라 신앙의 고백이다.

하나님이 나를 사랑하셨다는 이 진리를 진심으로 믿을 때, 나는 더 이상 스스로를 미워할 이유가 없어진다. 부족함 속에서도 사랑받고, 실패 속에서도 존귀한 이유를 알게 된다.

그래서 나를 사랑하는 일은, 하나님의 사랑을 의심하지 않는 일이다. 그분이 만드신 나를 존중하고, 그분이 기뻐하시는 나로 살아가려는 믿음의 행위다.

나는 완벽하지 않지만, 하나님께 나는 여전히 완벽히 사랑받는 존재다. 나는 예수님짜리다. 그 한마디가 평생 나를 괴롭히던 모든 거짓말을 영원히 잠재울 것이다.

## 묵상 질문

**1** 나는 지금까지 어떤 기준으로 나의 가치를 평가해왔는가? 성적, 스펙, 사람들의 말인가, 아니면 하나님이 주신 말씀인가?

**2** '나는 예수님짜리다'라는 표현을 내 삶에 적용해본다면, 지금 나를 가장 옥죄고 있는 열등감이나 비교의식은 어떻게 달라질까?

**3** 겸손이라는 이름으로 사실은 나 자신을 과도하게 깎아내리거나, 하나님이 주신 가치를 스스로 무시하고 있지는 않은가?

**4** 하나님이 나를 위해 지불하신 값을 생각할 때, 나는 내 몸과 마음과 삶을 어떻게 더 소중히 대할 수 있을까? (생활습관, 말, 관계, 일 등에서)

# 이웃 사랑의 원리

찰스 디킨스(Charles Dickens)의 《크리스마스 캐럴》에는 철저히 자신만 바라보고 살아온 사람이 등장한다. 바로 스크루지 영감이다. 그는 돈은 사랑했지만, 사람은 사랑하지 않았다. 크리스마스의 따뜻함도, 이웃의 기쁨도 그에게는 모두 불필요한 것들이었다.

그러던 어느 크리스마스 이브에 과거·현재·미래를 보여주는 세 영혼이 찾아와 그가 외면해온 삶의 장면들을 하나씩 펼쳐 보여주었다. 사랑을 놓쳐버린 순간, 자신의 인색함에 상처받은 사람들의 모습, 그리고 아무도 슬퍼하지 않는 자신의 장례식.

그제야 그는 깨닫는다.

'사람 없이 혼자 남는 삶은 결국 아무 의미가 없구나.'

다음 날 아침, 스크루지는 달라져 있었다. 오랫동안 외면했던 이웃의 얼굴이 눈에 들어오기 시작했고, 그들에게 베풀기 시작했다. 돈 많던 구두쇠가 한순간에 사랑 넘치는 사람이 되었다. 그는 비로소 깨달았기 때문이다. 돈이 아니라 사람, 풍요가 아니라 사랑이 인생을 바꾼다는 것을. 성경은 이미 오래전부터 이 진리를 보여주고 있다.

## 너를 위한 사랑

예수님은 우리에게 가장 분명한 방식으로 말씀하셨다. 사랑은 나를 위한 것이 아니라, 너를 위한 것이다. 하나님을 사랑하는 사람은 결국 이웃을 사랑하게 된다. 진짜 사랑은 자기 안에 머물지 않는다. 다른 사람에게 흘러간다. 예수님은 십자가 위에서 그 사랑을 가장 완전한 모습으로 보여주셨다.

성전을 헐고 사흘에 짓는 자여 네가 만일 하나님의 아들이어든 자기를 구원하고 십자가에서 내려오라 마 27:40

사람들은 예수님을 조롱했다.
'하나님의 아들이라면 내려와보시오! 남은 구원하면서 자기는 구원하지 못하는가?'
그들은 예수님께 능력을 증명하라고 요구했다. 하지만 예수님은 그들의 요구에 응하지 않았다. 그분이 스스로를 구원할 수 없었던 것이 아니다. 스스로를 구원하지 않기로 선택하신 것이다. 그래야 우리가 구원받기 때문이다.

세상은 약육강식의 논리를 따른다. 강한 자가 이기고, 약한 자는 짓밟힌다. 하지만 예수님은 완전히 다른 길을 걸으셨다. 그분은 자신을 지키는 대신 우리를 선택하셨다. 자기를 구원하는 대신 우리를 구원하셨다. 예수님의 사랑은 힘을 과시하는 사랑이 아니었다. 오히려 힘을 내려놓음으로 완성된 사랑이었다. '나를 위한 사랑'이 아니라 끝까지 '너를 위한 사랑'으로 십자가에 머무신 것이다.

## 사랑의 방식

사랑하는 자들아 우리가 서로 사랑하자 사랑은 하나님께 속한 것이니 요일 4:7

사랑은 하나님께 속한 것이다. 우리가 서로 사랑할 때, 우리는 하나님을 닮아간다. 그리고 그 사랑은 내가 하고 싶은 사랑이 아니다. 하나님이 보여주신 사랑이어야 한다.

예수님의 사랑은 '나 중심'이 아닌 '너 중심'의 사랑이었다. 사람들이 사랑하면서도 갈등하는 이유는 대부분 '내 방식대로' 사랑하기 때문이다.

부모는 자녀를 사랑하기 때문에 최선을 다한다. 하지만 부모의 최선이 자녀에게 최선이 아닐 수도 있다. 부모는 사랑하기 때문에 자녀를 내버려두어야 할 때가 있다. 내가 원하는 대로가 아니라 자식을 위한 방법을 생각해야 한다.

드라마 〈SKY 캐슬〉은 부모의 사랑이 얼마나 쉽게 집착으로 변할 수 있는지를 보여준다. 극 중 한 어머니는 자녀를 위해서라며 모든 것을 통제한다. 자녀의 공부, 진로, 친구 관계까지 일일이 간섭하며 "이건 다 너를 위한 거야"라고 말한다. 그녀에게 그 사랑은 진심이었다. 하지만 그 진심이 자녀에게는 숨 막히는 굴레가 되었다. '너를 위한 것'이 때로는 원치 않는 폭력이 된다.

사랑은 분명한데 방향이 잘못된 것이다. 부모의 최선이 언제나 자녀의 최선이 되지는 않는다. 사랑은 때로 붙잡는 것이 아니라 놓아주는 것이다. 내가 원하는 대로가 아니라, 자녀에게 진짜 필요한 방식으로 사랑해야 한다.

남녀의 관계도 마찬가지다. 사랑하면서도 다투는 이유는 나의 사랑 방식과 상대방의 사랑 방식이 다르기 때문이다. 내가 원하는 방식으로 사랑하기 때문에 다툰다. 여기서 한 가지 중요한 진리가 있다. 사랑은 '내가 주고 싶은 방식'이 아니라 상대가 필요로 하는 방식으로 흘러가야 한다.

사자와 젖소가 서로 너무 사랑해서 모두의 반대를 무릅쓰고 결혼했다. 사자는 사랑하는 젖소를 위해 자신이 제일 좋아하는 신선한 고기를 가져왔다. 하지만 젖소는 상처를 받았다.

"얘가 나를 놀리는 걸까? 나는 고기를 먹을 수 없는데….."

사자가 진정으로 젖소를 사랑한다면 고기가 아닌 풀을 가져다주어야 했다.

사랑은 내가 좋아하는 것을 주는 것이 아니라 상대가 필요로 하는 것을 주는 것이다. 미숙한 사랑은 상대를 변화시키려 한다. 성숙한 사랑은 상대를 있는 그대로 받아들이고, 그가 '그 자신'으로 살 수 있도록 공간을 내어준다.

## '너' 중심의 사랑

하나님의 사랑은 상대의 입장을 먼저 생각하는 사랑이다. 하나님의 사랑이 우리 안에 자리 잡으면 '나'보다 '너'가 보인다. 사랑의 중심이 '나'에서 '너'로 옮겨간다. 사랑은 나를 주장하지 않는다. 사랑은 나의 유익만을 구하지 않는다. 사랑은 너를 먼저 생각한다.

예수님의 십자가는 '너를 위한 사랑'의 완성이다. 예수님의 십자가는 '너를 위한 사랑'이 무엇인지를 가장 완전한 형태로 보여준다. 우리를 위해 내려오신 사랑, 우리를 위해 멈추신 사랑, 우리를 위해 자신을 내어주신 사랑. 진짜 사랑은 언제나 '너'를 향해 흘러간다.

## 각자가 연결되는 사랑

인간은 태어나는 순간부터 '분리 불안'을 안고 살아간다. 심리학자 볼비(John Bowlby)는 아이가 탯줄이 끊기는 순간부터 독립된 존재로서 불안과 고립을 느낀다고 말했다. 또한 마가렛 말러(Margaret Mahler)는 인간이 평생 '가까이 있고 싶은 욕구'와 '나를 잃지 않으려는 욕구' 사이에서 흔들린다고 설명했다.

성경도 동일한 진리를 말한다. "사람이 혼자 사는 것이 좋지 아니하니"(창 2:18)라고 선언하고, "두 사람이 한 사람보다 나음"(전 4:9)을 강조한다. 우리는 관계 속에서 만들어졌고, 관계 속에서 살아가도록 지음 받았다. 그래서 인간은 연결을 갈망하고, 동시에 잃어버릴까 두려워한다.

에리히 프롬은 "사랑은 인간의 고립을 넘어서는 유일한 길이며, 동시에 각자의 통합성을 지키는 힘이다"라고 말했다. 성숙한 사랑은 '나 다움'을 파괴하지 않는다. 사랑으로 하나로 연결되지만 동시에 둘로 남는다. 미숙한 사랑은 연결됨을 착각한다. 상대를 소유하려 한다. 상대를 바꾸려 한다. 하지만 그런 사랑은 결국 서로를 파괴한다.

성숙한 사랑은 다르다. 너를 '너'로 두고, 나를 '나'로 둔다. 서로가 서로의 울타리 안에서 자라간다. 서로를 통해 더 넓은 존재가 되어간다.

사랑은 나를 지우는 것이 아니라, 나를 확장하는 일이다. 이런 사랑의 모습을 심리학자 헨리 클라우드(Henry Cloud)는 이렇게 설명했다.

"진정한 친밀함은 경계(boundary)가 있는 상태에서 이루어진다. 경계가 없는 관계는 친밀함이 아니라 융합이며, 결국 파괴로 이어진다."

사랑이란 경계 안에서 서로를 존중하며 머무는 것이다. 사랑이라는 이름으로 내가 원하는 대로 바꾸는 것이 사랑이 아니다. 무조건적으로 나를 바꾸는 것도 사랑이 아니다.

한 청년이 연애를 시작했다. 그는 여자친구를 진심으로 사랑했다. 하지만 시간이 지나면서 그녀의 말투, 옷차림, 친구 관계까지 하나씩 간섭하기 시작했다.

"네가 더 나아지길 바라는 마음이야. 내가 널 사랑하니까 이렇게 말하는 거야."

그녀는 점점 웃음을 잃었다. 더 이상 자유롭게 말하지 못했고, 상대가 좋아하는 모습에 자신을 맞추려 애썼다. 그는 자신이 사랑을 주고 있다고 믿었지만, 사실은 '자신의 방식'으로 그녀를 바꾸려고 했다.

## '나·너·우리'가 된 사랑

예수님은 우리를 예수님의 복사본으로 만들지 않으셨다. 그 분은 모두가 동일한 모습, 동일한 성격, 동일한 방식으로 살아 가길 원하지 않으신다. 예수님은 우리를 교회로 부르셨고 한 몸 으로 묶으셨지만, 그 안에서 각자의 고유한 자리와 역할은 여전 히 살아 있다.

예수님은 모두에게 손이 되라고 명하지 않으신다. 모두에게 발이 되라고 명하지 않으신다. 눈은 눈으로, 손은 손으로, 발은 발로 존재한다. 그러나 모두가 한 몸 안에 있다. 이것이 예수님 이 보여주신 사랑의 신비다.

더 놀라운 것은, 이렇게 서로 다름에도 불구하고 우리는 하나 의 몸처럼 움직인다는 것이다. 각기 다르기 때문에 흩어지는 것 이 아니라, 다르기 때문에 더 온전한 하나가 된다.

사랑은 내가 원하는 대로 바꾸는 힘이 아니다. 사랑은 서로 를 다르게 존재하게 하면서도 하나 되게 하는 힘이다. 하나님 은 사랑을 통해 '하나 됨'과 '다름'이 함께 존재할 수 있음을 보 여주셨다. 사랑은 모두를 동일하게 만드는 힘이 아니다. 사랑 은 서로를 온전히 살게 하는 힘이다.

하나님의 사랑은 존재의 깊이를 확장시키는 사랑이다. 그 사 랑은 나의 경계를 허물지 않으면서도 너와 연결되게 하고, 우리 모두를 하나님 안으로 묶는다. 하나님의 사랑은 '우리'를 온전히 살리는 힘이다.

사랑은 거창한 행동에서 시작되지 않는다. 작은 방향 전환에서 시작된다. 오늘 누군가의 말을 '내 기준'이 아니라 '그의 입장'에서 한번 들어주는 것, 내가 주고 싶은 방식이 아니라 상대가 필요로 하는 방식으로 다가가보는 것, 그 한 걸음이 사랑의 중심을 '나'에서 '너'로 옮겨 놓는다.

우리는 모두 다르다. 그러나 사랑이 흘러가면 그 다름 속에서 '우리'가 만들어진다. 그리고 바로 그 자리에서 이웃 사랑의 기적이 시작된다.

**묵상 질문**

1 누군가를 사랑한다고 말하면서도 사실은 내 방식대로 사랑을 강요하거나 통제하고 있는 부분이 있는가?

2 최근 누군가에게 준 사랑은 '내가 주고 싶은 것'이었는가, 아니면 상대가 진짜 필요로 하는 것이었는가?

3 나는 관계에서 건강한 경계를 지키고 있는가, 아니면 사랑이라는 이름으로 융합·간섭·집착을 하고 있지는 않은가?

4 하나님이 주신 사랑 때문에 나도 살고, 상대도 살고, 관계도 살아나는 경험을 한 적이 있는가? 지금 어떤 관계에서 그 사랑을 다시 실천해야 할까?

## 이웃 사랑의 실천

드라마 〈더 글로리〉에 차마 잊기 힘든 장면이 있다. 가해자인 목사 딸이 친구를 잔인하게 괴롭히고도 "나는 하나님께 용서받았어"라고 말하는 장면이다. 정작 피해자에게는 사과 한마디 없었으면서 말이다. 하나님께는 용서를 구했는지조차 모르지만, 적어도 상처 준 이웃에게는 절대 돌아가지 않았다. 그럼에도 자신은 떳떳하게 "용서받았다"라고 말한다.

이 장면이 더 슬픈 이유는 단순히 드라마일 뿐만 아니라 현실에서도 이런 신앙을 너무 자주 보기 때문이다. 많은 그리스도인이 하나님 사랑에는 열심이다. 하지만 상대적으로 이웃 사랑에는 쉽게 무뎌진다. 하나님을 사랑하는 것만큼의 노력을 기울이지 않는다. 기도는 열심히 하지만, 피해자는 모른 체한다.

우리가 이웃에게 잘못했다면, 그를 찾아가 미안하다고 말해야 한다. 용서를 구하고, 화해를 청해야 한다. 이웃과의 관계를 무시한 신앙은 결국 하나님과의 관계도 흔들리게 만든다. 이웃을 아프게 한다면 결국 하나님을 아프게 하는 것이다.

간음하지 말라, 살인하지 말라, 도둑질하지 말라, 탐내지 말라 한 것과 그 외에 다른 계명이 있을지라도 네 이웃을 네 자신과 같이 사랑하라 하신 그 말씀 가운데 다 들었느니라 롬 13:9

바울은 로마서 13장 9절에 나오는 여러 계명을 하나로 요약했다.

"네 이웃을 네 자신과 같이 사랑하라."

위의 모든 계명은 이웃에게 상처 주지 말라는 것이다. 이웃을 아끼고 사랑하라는 것이다. 이웃을 사랑하면 자연스럽게 이 계명들을 지키게 된다. 사랑은 율법의 완성이다.

## 하나님 사랑 + 이웃 사랑 = 십자가

우리는 흔히 착각하는 게 있다. 신앙생활을 하나님과 나와의 관계라고만 생각하는 것이다. 하나님과의 관계만 괜찮다면 신앙생활을 잘한다고 생각한다. 하지만 기독교의 사랑은 두 가지 방향으로 완성된다. 하나님을 사랑하는 수직적 관계, 이웃을 사랑하는 수평적 관계. 이 두 선이 만날 때 십자가가 완성된다.

> 새 계명을 너희에게 주노니 서로 사랑하라 내가 너희를 사랑한 것같이 너희도 서로 사랑하라 요 13:34

하나님과의 관계만으로는 신앙이 완전하지 않다. 수직적 사랑만 실천했다면 오십 점짜리 신앙이다. 수평적 사랑까지 실천할 때 백 점이 된다. 이웃 사랑이 동반될 때 비로소 사랑은 온전해진다.

성경은 분명히 '이웃을 사랑하지 않으면, 하나님을 사랑한다고 말할 수 없다'라고 말한다(요일 4:20 참조). 사람을 무시하면서 은혜를 말할 수 없다. 누군가에게 상처를 주고도 "나는 하나님과 괜찮다"라고 말할 수 없다.

하나님을 사랑하는 사람은 반드시 이웃과의 관계도 회복하려는 사람이다. 수직적 사랑이 깊어질수록 수평적 사랑도 넓어진다. 그 두 사랑이 하나가 될 때 우리의 신앙은 십자가의 형태가 된다.

### 하나님의 자녀를 사랑하라

우리는 모두 하나님의 사랑받는 자녀다. 사랑받을 가치가 있어서가 아니라 하나님께서 사랑해주시기 때문에 가치가 있는 것이다. 그런데 이 사랑은 나만을 향한 것이 아니다. 내 옆의 사람, 내가 불편해하는 사람, 나를 힘들게 하는 사람에게도 동일하게 흘러간다. 내가 하나님의 자녀라면 내 옆에 있는 사람도 하나님이 사랑하시는 자녀이다. 그들을 사랑하는 일은 결국 하나님을 사랑하는 일이다.

누군가 나에게 선물도 주고 칭찬하면 기분이 좋다. 그런데 그 사람이 내 자녀를 욕하고 때린다면 그 사람은 원수가 된다. '나에게 잘하는 것'보다 더 중요한 것은 '내 자녀를 소중히 여기는 것'이다. 차라리 나를 욕하는 것은 참을 수 있어도 내 자녀를 해치면 부모의 마음은 견디기 어렵다.

하나님도 그러하시다. 우리가 이웃을 미워하고 상처 주고 무시할 때 하나님은 가슴 아파하신다. 우리의 이웃은 하나님의 자녀다. 그래서 이웃사랑은 결국 예수님 사랑이다.


## 사랑은 이웃에게 악을 행하지 않는다

사랑은 이웃에게 악을 행하지 아니하나니 그러므로 사랑은 율법의 완성이니라 롬 13:10

사랑은 상대에게 유익이 된다. 사랑이라는 이름으로 상대방에게 상처를 주면 안 된다.

그러나 사랑을 바탕으로한 관계에도 많은 문제가 생긴다. 사랑하는 부모와 자식, 부부, 친구, 연인 사이에도 다툼과 오해, 상처가 일어난다. 사랑하는데 왜 갈등이 생겨날까?

워털루대학교의 카리나 슈만 교수는 남녀의 사과 반응을 연구했다. 그 결과, 여자는 남자보다 사건을 더 심각하게 받아들이는 경향이 있었다. 남자는 "그 정도 일로 왜 화를 내?"라고 하고, 여자는 "그 정도 일조차 왜 이해해주지 않아?"라고 한다.

바로 이 기준의 차이에서 갈등이 시작된다. 서로의 사고방식이 다른데 자기 방식을 강행하니까 갈등이 생기게 된다. 내가 원하는 것에 네가 맞춰야 해 라고 하니까 싸우게 된다.

사람들은 '내가 이렇게 사랑했는데 왜 몰라줄까?'라고 한다. 그러나 진짜 사랑은 내가 원하는 방식이 아니라 상대가 느낄 수 있는 방식으로 전해지는 것이다. 진짜 사랑은 상대가 "사랑받고 있다"라는 것을 느끼게 해주는 것이다. 사랑의 목적은 나의 만족이 아니라 상대가 잘되게 하는 데 있다.


## 술 마시고 교회에 온 청년

교회에서 수련회를 준비하는 날, 갓 스무 살인 청년이 한 삼십 분 정도 늦게 왔다. 그가 들어온 지 얼마 안 되어 방 안엔 술 냄새가 가득 풍겼다. 청년은 취기에 머리를 가누지 못하고 정신을 차리지 못했다.

그때 권사님들, 교역자들, 다른 청년들까지 한 열 명이 넘는 사람들이 있었다. 예전에 나 같았으면 이런 생각을 했을 것이다.

'아니, 어떻게 술을 마시고 신성한 교회에 올 수 있지?'

하지만 그날은 달랐다.

'얼마나 이 모임을 소중히 여겼으면 취한 몸으로라도 오려 했을까!'

오히려 감사한 마음이 들었다. 그래서 그 청년에게 다가가 "오느라 고생했어. 늦게라도 와줘서 고마워"라고 말했다.

나중에 들으니, 대학교 회식에서 선배들이 교회 가지 말라며 막았다고 했다. 결국 술 한 잔을 마셔야 보내주겠다는 말에 그 한 잔을 마시고 부리나케 달려온 것이다.

그 친구는 청년부에 잘 정착해서 목자가 되고 교회의 리더로 잘 섬기고 있다.

만약 이 친구에게 "어떻게 교회에 술을 마시고 올 수가 있어? 제정신이야?"라고 반응했다면 이 친구는 교회에서 상처를 받고 교회를 떠났을지도 모른다. 정죄가 아닌 사랑으로 그는 변화되었다.

교회의 목적은 예수님을 믿게 하는 것이다. 예수님의 제자가 되도록 하는 것이다. 사람들의 잘못을 지적하며 정죄함으로 그들을 바꿀 수 없다. 하나님의 사랑을 전할 수 없다. 하나님은 죄인도 사랑하신다. 모든 사람이 하나님의 은혜 아래에 있다. 정죄하고 판단하는 것은 사랑이 아니다. 사람을 변화시키는 것은 정죄가 아니다. 비판과 비난으로 변화되지 않는다. 사람은 사랑으로 변화된다.

## 재판이 아닌 사랑

스캇 솔즈(Scott Sauls)는 《리더의 눈물》에서 말했다.

"예수님은 종교적인 죄인과 비종교적인 죄인, 성적으로 문란한 죄인과 경건한 척하는 죄인, 밑바닥 인생의 죄인과 고결한 척하는 죄인을 따지지 않고 모든 종류의 죄인을 환영하고 그들과 함께 식사를 하셨지 않은가. 아무런 조건 없이 말이다. 바로 이것이 예수님이 보여주신 리더십이었다. 예수님은 이런 리더십으로 경건한 척하는 종교인들에게 숱한 비판을 받으셨다."

잘못된 것을 모두 덮어두라는 뜻이 아니다. 다만 우리가 재판장이 될 수 없다는 뜻이다.

오늘의 세상은 분노와 정죄로 가득하다. 예수님의 사랑이 사라지고 있다. 안타깝게도 교회조차 예외가 아니다. 정의라는 이름 아래, 비난과 판단이 너무도 자연스러워졌다. 팀 켈러 목사는 "하나님의 자비로만 살아가는 우리가 남을 심판한다면, 스스로 하나님의 자리에 앉아 있는 게 아닌가?"라고 말했다.

예수님의 사랑은 정죄가 아니라 용서의 사랑이었다. 그분은 죄인을 품으시고, 죄인을 의인으로 바꾸셨다. 하나님은 죄를 미워하시지만, 죄인은 사랑하신다. 그 사랑 때문에 죄의 대가는 반드시 치러져야 했다.

그래서 하나님은 사랑하는 아들 예수 그리스도를 이 땅에 보내셨다. 그분이 우리의 죗값을 대신 치르셨다. 그 결과 우리는 깨끗하게 되었다. 우리의 공로가 아니다. 오직 예수님의 은혜다. 그렇다면 우리는 누구를 정죄할 수 있을까!

우리도 죄인이었다. 하나님의 은혜로 살아난 자가, 다른 죄인을 향해 돌을 던질 수는 없다. 진짜 복음을 아는 사람은 사람을 판단하지 않고 사랑으로 품는다.


## 사랑을 통해 믿음이 드러난다

가장 중요한 것이 사랑이며 사랑을 통해 믿음이 드러난다.

그런즉 믿음, 소망, 사랑, 이 세 가지는 항상 있을 것인데 그 중의 제일은 사랑이라 고전 13:13

A. W. 토저(A. W. Tozer)는 "사랑이 없다는 것은 성령이 내 안에 계시지 않거나 적어도 그분이 내 안에서 활동하지 않으신다는 것이다"라고 말했다.

그리스도인은 사랑의 삶을 살아야 한다. 하나님을 사랑하고 이웃을 사랑해야 한다. 복음이란 예수님이 우리의 구원자이시자 우리를 위해 돌아가셨다는 것이다. 예수님이 당신을 위해 돌아가셨다는 것을 이해하게 된다면 하나님의 은혜를 알게 된다. 그 사실을 깨닫는 순간 우리는 측량할 수 없는 은혜를 알게 된다. 그 사랑을 깨달았다면 그 사랑을 다른 사람에게 보여주어야 한다.

모든 율법은 하나님을 사랑하고 이웃을 사랑하는 것으로 통한다. 하나님의 사랑이 우리에게 넘칠 때 그 사랑이 이웃에게 흘러갈 것이다. 그때 사람들은 우리를 통해 예수님을 보게 될 것이다.


## 이웃 사랑의 핵심

사랑의 실천은 반드시 필요하다. 도움을 주고, 나누고, 돌보는 일은 사랑의 표현이다. 하지만 그보다 더 근본적인 사랑은 복음을 전하는 일이다. 사람의 필요를 채워주는 일로 사람은 변화되지 않는다. 그들의 삶을 잠시 따뜻하게 할 수는 있지만, 그 영혼을 구원할 수 있는 것은 오직 하나님의 복음뿐이다.

진짜 사랑은 선행으로 멈추지 않는다. 그 사랑이 하나님께로 이어지게 하는 것이다.

사랑의 궁극적인 목적은 '좋은 일'이 아니라 '좋은 소식'이다. 우리가 복음을 전할 때, 사람은 단순히 도움받는 존재가 아니라 새로운 생명을 얻는 존재로 변화된다. 복음을 전하는 일이 사랑의 가장 높은 형태다.

**묵상 질문**

1 나는 하나님과의 관계만 강조하고 이웃과의 관계는 소홀히
  한 적은 없는가?

2 최근 누군가에게 상처를 주었는데 하나님께만 회개하고 사람
  에게는 용서를 구하지 않았던 행동이 내 안에 있었는가?

3 나는 누군가를 변화시키려 할 때 정죄·비판·지적을 사용했
  는가, 아니면 사랑과 은혜로 품으려 했는가?

4 내가 보여준 사랑이 단순한 도움에서 끝나지 않고 복음으로
  이어지도록 한 적이 있는가? 지금 누구에게 복음의 사랑을
  전해야 할까?

# 사랑의 실천법

하나님은 우리가 사랑을 '말'이 아니라 '삶'으로 실천하길 원하신다. 예수님을 통해 우리는 죄의 종에서 자유인이 되었다. 그러나 그 자유는 내 마음대로 사는 방종이 아니다. 복음의 자유는 죄에서 벗어나 하나님을 사랑하고 이웃을 섬길 수 있는 사랑의 자유다.

강준민 목사는 "그리스도께서 주신 자유는 자기 마음대로 사용하는 방종의 자유가 아니라, 이웃을 섬기고 사랑하기 위해 주어진 섬김의 자유다"라고 말했다. 사랑의 자유를 얻은 우리는 이제 사랑의 종으로 살아가야 한다.

## 사랑은 공동체를 회복시키는 힘이다

우리는 사랑을 실천함으로써 공동체를 회복시킬 수 있다. 사도 바울은 이렇게 말한다.

형제들아 사람이 만일 무슨 범죄한 일이 드러나거든 신령한 너희는 온유한 심령으로 그러한 자를 바로잡고 너 자신을 살펴보아 너도 시험을 받을까 두려워하라 갈 6:1

이 말씀은 공동체가 어떻게 사랑으로 회복될 수 있는지를 보여준다. 그러나 현실에서 우리는 너무 쉽게 다른 사람을 판단한다. 첫 인상만으로 상대를 단정하거나, 단 한 번의 행동으로 그 사람의 인생 전체를 규정짓는다. 이를 심리학에서는 '암묵적 편견'이라 부른다.

우리는 흔히 '남자아이는 파란색을 좋아하고, 여자아이는 분홍색을 좋아한다'라고 생각한다. 물론 많은 아이가 그런 경향을 보일 수 있다. 그러나 모든 아이가 그런 것은 아니다. 어떤 여자아이는 로봇을 좋아할 수도 있고, 어떤 남자아이는 공주 이야기책을 좋아할 수도 있다. 하지만 우리는 이런 단편적인 경험에 근거해 타인을 판단하곤 한다.

이러한 편견은 사랑을 가로막는 벽이 된다. 상대의 일부만 보고 전체를 판단하는 일이 정죄의 시작이다. 누군가의 잘못이 드러나면, 그 사람은 마치 다시는 용서받을 수 없는 죄인처럼 취급된다. 물론 죄를 짓는 행위 자체가 옳다는 뜻은 아니다. 잘못에는 반드시 책임이 따른다.

그러나 그리스도인이 가져야 할 태도는 '심판'이 아니라 '회복'이다. 성경은 "범죄한 자를 바로잡으라"라고 말한다. 여기서 '바로잡는다'는 말은 단순히 잘못을 지적하거나 처벌하는 것이 아니다. 구부러진 것을 다시 바르게 펴주는 행위, 즉 원래의 자리로 되돌리는 것을 뜻한다.

죄를 지은 사람을 사회에서 밀어내는 것이 목적이 아니다. 그가 다시 일어나 올바른 길로 걸어가도록 돕는 것이 목적이다. 만약 누군가가 몇 년을 격리되고도 아무 변화 없이 돌아온다면 그것이 더 큰 비극이다.

하나님은 인간을 낙인찍는 분이 아니다. 하나님은 회복시키는 분이시다. 진정한 회복은 그 사람이 하나님 안에서 원래의 얼굴을 되찾을 때 시작된다.

누군가가 넘어졌다면 우리는 그를 더 밀어버리는 사람이 아니라 그를 붙잡아 다시 세워주는 사람이 되어야 한다. 그의 과거가 아니라 하나님 안에서 다시 회복될 미래를 바라보아야 한다. 그것이 바로 그리스도인의 사랑 실천법이다.

## 서로의 짐을 나눠서 지는 것이 사랑의 실천이다

사람을 회복시키는 일은 혼자 감당할 수 있는 일이 아니다. 함께 감당해야 한다. 그리스도의 공동체는 함께 짐을 나누는 곳이다. 누군가의 아픔을 함께 짊어지고, 무거운 마음을 함께 들어주는 일이야말로 사랑의 실천이자 공동체의 본질이다.

바울은 "너희가 짐을 서로 지라"(갈 6:2)라고 말한다. 이 말씀은 "내 일이 아니야"라며 책임을 회피하지 말고 "네 일이 곧 내 일"이 되게 하라는 뜻이다. 사랑은 '함께 짊어짐'으로 증명된다.

오늘날 사회는 경쟁으로 가득하다. 누군가의 성공이 곧 다른 누군가의 실패로 여겨진다. 오죽하면 한국에 "사촌이 땅을 사면 배가 아프다"라는 속담이 있겠는가.

하지만 하나님나라의 원리는 다르다. 경쟁(Competition)이 아니라 협력(Collaboration)이다. 경쟁은 각자 따로 성공을 추구하지만, 협력은 함께 성공과 성장을 이뤄가는 과정이다. 공동체의 사랑은 짐을 함께 지는 데서 시작된다. 누군가의 고통을 외면하지 않고, 그 짐을 나누어 들 때 우리는 그리스도의 마음을 닮아간다.


## 자기 일을 잘 감당하라

우리가 서로의 짐을 지기 위해선 나에게 맡겨진 일을 잘 감당해야 한다. 사랑의 공동체는 책임 위에서 세워진다.

**각각 자기의 일을 살피라** 갈 6:4

성숙한 신앙은 남과 비교하지 않고 하나님 앞에서의 나를 돌아보는 것에서 시작된다.

'나는 하나님 앞에서 떳떳한가? 나는 하나님께서 기뻐하시는 사람으로 살고 있는가?'

이 질문은 우리를 겸손하게 만든다.

나도 완전하지 않다. 넘어질 때도 있고, 실수할 때도 있다. 하나님 앞에 너무 부족한 사람이다. 하지만 중요한 것은 다시 일어나려는 마음이다. 하나님 앞에서 나를 돌아보며, 내가 아직도 은혜가 필요한 사람임을 인정하는 순간 그때 비로소 진정한 성숙이 시작된다. 나의 약함을 아는 것이 은혜다.

사랑은 짐을 나누는 것에서 시작되지만, 각자의 짐을 책임 있게 감당하는 데서 완성된다. 바울은 "각각 자기의 짐을 질 것이라"(갈 6:5)라고 말한다. 서로의 짐(βάρη, 파레)은 함께 져야 하지만, 각자의 짐(φορτίον, 포르티온)은 스스로 감당해야 한다. 내게 주어진 '짐'은 하나님이 우리 각자에게 맡기신 신앙적 책임이자 사명이다.

개인의 신앙적 책임은 다른 사람이 대신 질 수 없다. 그러나 우리는 서로의 짐을 함께 들어줄 수는 있다. 이것이 공동체의 아름다움이다. 이 두 구절은 모순이 아니라, 사랑의 균형을 가르친다. 공동체는 서로의 눈물을 닦아주며 함께 선다. 그리고 각자는 하나님 앞에서 자신의 몫을 감당한다.

사랑은 감정이 아니라 책임 있는 나눔이다. 사랑은 누군가의 짐을 함께 져주는 용기와 내 짐을 스스로 책임지는 성숙함이 필요하다. 이 두 가지가 함께 있을 때, 공동체는 건강해진다.

하나님은 우리 각자에게 은사를 주셨다. 그 은사는 혼자 빛나기 위한 것이 아니다. 서로를 세우기 위한 도구다. 우리가 각자의 자리에서 최선을 다하고, 사랑으로 서로를 세워갈 때, 하나님은 그 안에서 일하신다. 그리고 그때 비로소 우리는 그리스도의 법을 이루게 된다.


## 사랑은 내버려둠이다

때로는 사랑을 심고 내버려둠이 필요하다. 내버려둠은 오히려 쉽지 않다. 사랑하는 사람이 잘못된 길을 가는 것을 보고 내버려두는 사람은 없을 것이다. 그래서 '내버려둔다'는 말은 오해받기 쉽다.

그것은 무관심이 아니고, 벽을 세운다는 뜻도 아니다. 사랑하기에 하나님께 맡긴다는 뜻이다. 내가 할 수 없는 영역을 인정하고, 그분께 의탁하는 신뢰의 행위다.

알코올 의존증이나 잘못된 관계에 있는 사람들을 보면 우리는 본능적으로 도와야겠다는 생각을 한다. 하지만 사랑은 때로 '내가 해결하려는 마음을 멈추는 용기'이다. 내가 대신 해결해준다면 하나님의 개입을 방해할 수도 있다. 사람을 바꿀 수 있는 것은 사람의 의지가 아니다. 하나님의 손길이다.

헨리 나우웬(Henri Nouwen)은 "진정한 사랑은 통제하지 않는다. 오히려 하나님이 일하실 공간을 남겨두는 것이다"라고 말했다. 사랑의 내버려둠은 무책임이 아니라 하나님께 공간을 내어드리는 믿음이다. 일하실 하나님을 믿고 신뢰하는 일이다. '내가 도와야 한다'는 조급한 마음을 내려놓을 때 하나님이 일하실 공간이 생긴다.

누가복음 15장의 탕자의 아버지는 떠나는 아들을 붙잡지 않는다. 방탕한 생활을 하는 아들의 소식이 분명 귀에 들렸을 것이다. 당장 집으로 데려와서 정신교육을 시키고 싶었을 것이다. 그러나 탕자의 아버지는 기다린다. 아들이 스스로 깨닫고 돌아올 때까지 움직이지 않는다. 내버려둠은 더욱 더 큰 믿음과 용기가 필요하다.

나도 자녀만 생각하면 걱정된다. 어떻게 키워야 할까, 유치원에 가서 아프면 어떻게 하지, 교육은 무엇이 좋을지 계속해서 염려한다. 조지 뮬러는 "염려의 시작은 신앙의 끝이다. 그러나 신앙의 시작은 염려의 끝이다"라고 말했다.

탕자의 아버지는 방황하는 아들을 붙잡지 않았다. 그를 사랑했기에 떠나도록 허락했다. 그리고 탕자가 돌아왔을 때 따지지 않고 품에 안았다. 그것이 내버려둠의 본질이다. 내버려둠은 하나님을 향한 깊은 신뢰이다. 내버려둠은 회복의 가능성을 믿는 기다림이다. 탕자가 떠나지 않았다면 아버지의 사랑을 알지 못했을 것이다.

너는 마음을 다하여 여호와를 신뢰하고 네 명철을 의지하지 말라

잠 3:5

하나님께 맡긴다는 것은 내가 더 이상 통제하려 하지 않겠다는 고백이다. 나의 방식이 아니라, 하나님의 때와 방법을 신뢰하는 신앙의 태도다.

심리학에서는 이것을 '건강한 분리'(Healthy Detachment)라고 부른다. 사랑하는 사람의 문제를 대신 짊어지지 않고, 하나님께서 일하시도록 기다리는 성숙한 자세. 이것은 냉정함이 아니라, 진정한 사랑의 용기다.

C. S. 루이스는 "사랑은 상대를 내 뜻대로 바꾸려는 욕망을 버릴 때 시작된다"라고 말했다. 사랑은 잡는 것이 아니라, 맡기는 것이다. 사랑은 통제하는 것이 아니라, 신뢰하는 것이다.

내가 개입을 멈출 때, 하나님이 일하신다. 그래서 내버려둔다는 말의 다른 이름은 '하나님께 맡김'이다. 그리고 그것이 바로 성숙한 사랑의 형태다. 사랑은 쉽지 않다. 하지만 성령이 우리 안에서 일하실 때, 불가능해 보이던 사랑이 가능해진다. 사랑을 실천할 때 성령님이 함께하신다.

**묵상 질문**

1 나는 누군가의 실수를 '정죄'로 바라보고 있는가, 아니면 하나님이 주시는 회복의 시선으로 바라보고 있는가?

2 내 주변에 지금 짐이 너무 무거워 보이는 사람은 누구인가? 나는 그의 짐을 함께 들어주고 있는가?

3 하나님 앞에서 내가 감당해야 할 '나의 짐(책임)'은 무엇이며, 나는 그것을 어떻게 수행하고 있는가?

4 사랑한다는 이유로 내가 과도하게 통제하고 있거나, 하나님이 일하실 공간을 가로막고 있는 관계는 없는가?

# 사랑은 사명이 된다

'빨간색 스포츠카와 수영장이 딸린 넓은 집'이 나의 어린 시절 인생 목표였다. 나는 이 목표를 이루기 위해 성공하고 싶었다. 모든 사람은 어떤 목적에 이끌려 살아간다.

아이들은 살아남기 위해 울고, 학생은 공부를 통해 꿈을 좇는다. 직장인은 안정된 삶을 위해 일하고, 부모는 가족의 행복을 위해 헌신한다.

삶의 목적은 우리의 태도와 방향을 결정한다. 목적이 분명할수록 열정이 생기고, 행동이 달라진다. 무엇보다도 우리의 목적에 따라 삶의 방향도 달라진다.

그리스도인은 세상의 목적이 아닌, 하나님이 주신 목적을 따라 살아야 한다. 우리의 삶은 욕망을 채우기 위한 여정이 아니라, 하나님께서 맡기신 사명에 순종하는 여정이다. 이 사명은

'내가 하고 싶은 일'을 이루는 것이 아니라, '하나님이 기뻐하시는 일'을 완성하는 것이다. 즉, 스포츠카를 위한 삶이 아니라 복음을 전하는 삶이다.

## 고난을 뚫고 전진하다

우리가 먼저 빌립보에서 고난과 능욕을 당하였으나 우리 하나님을 힘입어 많은 싸움 중에 하나님의 복음을 너희에게 전하였노라 살전 2:2

바울과 그의 동역자들은 수많은 고난을 겪었다. 매를 맞고, 감옥에 갇히고, 사람들에게 배척당했다. 그럼에도 그들은 멈추지 않았다. 왜냐하면 그들의 삶을 이끄는 목적이 분명했기 때문이다. 그 목적은 '복음'이었다. 세상의 성공이 아니라 하나님의 영광이었다.

바울은 감옥에서도 찬양했고, 고난 속에서도 기뻐했다. "항상 기뻐하라"(빌 4:4)라는 그의 고백은 모든 상황 속에서도 하나님께 영광을 돌리겠다는 확신의 선포였다. 바울의 기쁨은 환경에서 오지 않았다. 그의 기쁨은 목적을 행하는 기쁨에서 왔다. 사명을 행하는 자의 기쁨이다.

"고난은 변장된 축복이다"라는 말이 있다. 고난은 하나님이 우리를 단련하시는 과정이다. 그분은 고난을 통해 우리의 신앙을 정금처럼 연단하신다. 고난은 우리를 부수기 위한 것이 아니다. 하나님의 뜻을 깨닫게 하기 위한 도구다.

바울은 그 사실을 알았기 때문에 감옥 안에서도 복음을 전했다. 매를 맞은 몸으로도 예배했다. 목적을 아는 사람은 어떤 어려움도 이겨낼 수 있다. 프리드리히 니체(Friedrich Nietzsche)도 "목적을 가진 사람은 어떤 고난도 견딜 수 있다"라고 말했다. 목적이 삶의 방향을 결정하고, 의미를 부여하며, 고난을 이길 힘을 준다.


## 목적을 향한 여정

올림픽에 출전하는 선수들의 목표는 메달을 따는 것이다. 그들은 그 잠깐의 순간을 위해 인생의 모든 초점을 맞춘다. 식단 관리와 훈련 또 훈련 또 훈련의 연속이다. 미국의 전설적인 수영선수인 마이클 펠프스(Michael Phelps)는 올림픽 역사상 가장 많은 금메달을 받은 선수다. 금메달만 스물두 개이다. 그는 인터뷰에서 "오늘이 무슨 요일인지도 몰라요. 날짜도 모르고요. 전 그저 수영만 해요"라고 말했다. 그는 육 년 동안 단 하루도 훈련을 쉰 적이 없었다. 메달이라는 목적 하나를 위해 모든 고난을 견뎠다. 그리고 그 목적이 이루어졌을 때, 그는 그 모든 고통을 보상받았다.

역사를 돌아보면, 위대한 신앙인들은 모두 고난을 통해 단련되었다. 윌리엄 캐리는 '근대 선교의 아버지'라고 불린다. 그는 인도로 떠나기 전, 주변 사람들에게 "그건 불가능하다"라는 말을 들었다. 그러나 그는 "하나님으로부터 위대한 일을 기대하라. 그리고 하나님을 위해 위대한 일을 시도하라"라고 말했다. 그는 인도에서 언어 장벽과 질병, 가족의 죽음까지 겪었지만 멈추지 않았다. 그는 자신에게 주어진 사명이 있었기에 끝까지 전진할 수 있었다.

삶이 힘들어질 때마다 이 사실을 기억해야 한다. 고난은 사명을 흔들지 못한다. 오히려 목적이 분명할수록 우리는 더 단단해진다.


## 우리 삶의 목적

사람을 기쁘게 하려 함이 아니요 오직 우리 마음을 감찰하시는 하나님을 기쁘시게 하려 함이라 살전 2:4

우리의 삶은 우연이 아니다. 우리는 하나님의 영광을 위해 존재한다. 하나님을 기쁘시게 하는 삶이 우리의 목적이다. 그럼에도 우리는 그렇게 살지 못하고 있다. 나의 유익, 나의 만족, 나의 성공을 더 중요한 자리로 올려놓는다.

그래서 우리는 스스로에게 질문해야 한다.

'나는 왜 교회에 오는가? 나는 왜 일하는가? 무엇이 나를 움직이는가? 나의 욕심 때문인가, 아니면 나의 왕 되신 하나님 때문인가?'

이 질문에 답을 찾는 순간, 우리는 자연스럽게 다음 질문 앞에 서게 된다.

'그렇다면, 나는 무엇을 선택해야 하는가?'

하나님을 기쁘시게 하는 삶은 내가 원하는 것이 아니라 하나님이 원하시는 것을 선택하는 것에서 시작된다. '내 야망'이 아니라 '하나님의 비전'을 따르는 삶이다.


## 하나님을 기쁘시게 하는 삶

나는 미국 뉴욕에 있는 컬럼비아대학교에서 사회복지를 공부하며 NGO 운영에 대해 배웠다. 그 과정에서 한 가지 중요한 사실을 발견했다. 지금 세계적으로 유명한 많은 NGO들이 기독교 정신으로 시작되었다는 것이다. 하지만 조직이 커지고 대중적 영향력이 커지면서 많은 단체가 점점 예수님의 이름을 지우기 시작했다. 교회 다니지 않는 사람들의 후원을 받기 위해서였다. 전략적으로 옳은 선택이다. 기독교인들보다 비기독교인들이 더 많기 때문이다.

NGO 수업 시간에 교수님이 현장의 뼈아픈 고민을 들려주셨다. 더 많은 이들을 돕고 싶다는 선한 열망이 때로는 조직의 뿌리인 '신념'과 충돌한다는 이야기였다. 더 큰 후원금을 유치하고 국가의 지원을 받기 위해, 기관이 가진 고유한 색채나 정체성을 조금씩 내려놓는 선택을 하기도 한다는 것이다.

그런데 놀랍게도, 시대를 역행하듯 예수님의 이름을 오히려 더 선명하게 박아 넣은 단체가 있다. 바로 컴패션이다. 컴패션의 영문 로고에는 "Releasing children from poverty in Jesus' name"이라는 문구가 적혀 있다. 한국컴패션은 이를 "꿈을 잃은 어린이들에게 그리스도의 사랑을"이라고 표현하고 있다.

세상 관점으로 보면 정말 '비효율적이고 미련한 선택'이다. 후원할 사람이 줄어들 수 있고, 비기독교인의 반발을 살 수 있다. 그러나 역설적으로 그 이후 가장 크게 성장한 단체는 바로 컴패션이었다.

우리가 하나님의 이름을 선택할 때, 하나님은 우리를 선택하신다. 우리가 하나님의 영광을 높일 때, 하나님은 우리를 높이신다. 때로는 비이성적으로 보이고, 손해처럼 보일 때도 있다. 그러나 하나님을 선택하는 것이 결국 가장 지혜로운 선택이다.

세상은 성공을 보지만, 하나님은 순종을 보신다. 세상은 결과를 평가하지만, 하나님은 마음을 보신다. 그래서 우리는 신앙의 길을 걸으며 매 순간 스스로에게 물어야 한다.

'나는 지금 사람의 인정을 구하는가, 아니면 하나님의 기쁨을 구하는가?'

목적이 하나님께 있으면, 결과보다 진실함이 중요해진다. 사명은 성취보다 순종의 길에서 완성된다.


## 사랑이 이끄는 삶

우리는 그리스도의 사도로서 마땅히 권위를 주장할 수 있으나 도리어 너희 가운데서 유순한 자가 되어 유모가 자기 자녀를 기름과 같이 하였으니 살전 2:7

우리는 사랑이 이끄는 삶을 살아야 한다. 목적이 이끄는 삶도 중요하지만, 목적만으로는 충분하지 않다. 목적보다 더 중요한 것은 사랑이다. 하나님은 사명보다 사랑을 먼저 보신다.

바울은 자신이 사도로서 권위를 주장할 수 있었다. 하지만 그 길을 택하지 않았다. 그는 유모처럼 온유한 태도로 성도들을 돌보았다. 유모가 아기를 돌보듯 세심하고 조심스럽게, 때로는 밤잠을 설쳐가며 헌신했다. 더 빠른 길보다 바른 길을 선택했다. 한 아이를 키우는 데 한 마을이 필요하듯, 한 영혼을 세우는 데는 사랑의 공동체가 필요하다. 사랑은 권위로 누르는 것이 아니라 품고 보듬는 것이다.

사랑은 두려움을 이긴다. 사람은 힘이 아니라 사랑으로 변화된다. 그래서 바울은 사랑으로 복음을 전했다.


## 사랑을 살아내다

우리가 이같이 너희를 사모하여 하나님의 복음뿐 아니라 우리의 목숨까지도 너희에게 주기를 기뻐함은 너희가 우리의 사랑하는 자 됨이라 살전 2:8


바울의 사랑은 말이 아니라 행동이었다. 바울은 사랑을 살아낸 사람이다. 그는 복음을 전하기 위해 목숨까지도 내어줄 준비가 되어 있었다. 사랑하기에 가장 귀한 것을 주었다.

그에게 복음은 단순한 메시지가 아니다. 영혼을 살리는 사랑의 표현이다.

내가 자녀에게 딱 한 가지를 남길 수 있다면 나는 하나님을 사랑하는 마음을 남기고 싶다. 복음을 전한다는 것은 그 사랑을 전하는 것이다. 사랑은 단지 위로하는 것이 아니라 영혼을 구원하는 능력이다.

## 기억되는 사랑

형제들아 우리의 수고와 애쓴 것을 너희가 기억하리니 너희 아무에게도 폐를 끼치지 아니하려고 밤낮으로 일하면서 너희에게 하나님의 복음을 전하였노라 살전 2:9

진정한 사랑은 상대가 기억하는 사랑이다. 나 혼자 해줬다고 사랑이 되는 것이 아니다. 상대가 그 사랑을 기억할 때, 그 사랑은 완성된다. 바울은 성도들이 자신이 보여준 사랑을 기억할 것을 확신했다. 왜냐하면 그 사랑이 자기중심적 사랑이 아니라 하나님의 사랑을 닮은 사랑이었기 때문이다.

우리가 너희 믿는 자들을 향하여 어떻게 거룩하고 옳고 흠 없이 행하였는지에 대하여 너희가 증인이요 하나님도 그러하시도다 살전 2:10

바울의 사랑은 사람들뿐 아니라 하나님이 인정하신 사랑이었다.

## 아버지의 사랑

너희도 아는 바와 같이 우리가 너희 각 사람에게 아버지가 자기 자녀

에게 하듯 권면하고 위로하고 경계하노니 살전 2:11

바울은 자신이 성도들을 아버지처럼 사랑했다고 말한다. 유모의 사랑이 돌보는 사랑이라면, 아버지의 사랑은 인도하는 사랑이다. 책임지고 보호하며, 바른 길로 이끄는 사랑이다.

아버지는 자녀가 신앙 안에서 성장하도록 권면하고, 상처 입었을 때 위로하며, 길을 잃지 않도록 경계한다. 이 세 가지가 바로 아버지의 사랑의 리더십이다.

바울은 말로만 가르치지 않았다. 그는 앞서 고난을 받고, 헌신하며, 삶으로 본이 되는 사랑을 보여주었다.

## 하나님께 합당한 삶

이는 너희를 부르사 자기 나라와 영광에 이르게 하시는 하나님께 합당히 행하게 하려 함이라 살전 2:12

바울의 사랑은 결국 성도들을 하나님께 합당한 삶으로 인도하는 사랑이었다. 진짜 사랑은 붙드는 사랑이 아니다. 하나님께 보내는 사랑이다. 사람을 의지하게 하는 것이 아니라 하나님을 따르도록 돕는 것이다.

교회에서 사역을 하다 보면 성도들을 '하나님의 사람'보다 '나의 사람'으로 만드는 경우가 있다. 물론 그것은 대부분 사랑에서 비롯된 마음이다. 함께 기도하고, 아픔을 나누고, 삶을 돕다 보면 어느새 마음이 깊이 얽히고, 서로에게 익숙해진다.

하지만 교회는 내 사람을 만드는 곳이 아니다. 하나님의 사람을 세우는 곳이다. 교회는 하나님과의 관계로 세워진 공동체다.

예수님은 제자들을 부르셨을 때 자신의 사람으로 삼으려 하지 않으셨다. 그들을 하나님나라의 사람으로 세우셨다. 예수님은 십자가를 지시기 전 제자들에게 이렇게 말씀하셨다.

너희를 친구라 하였노니 내가 내 아버지께 들은 것을 다 너희에게 알게 하였음이라 요 15:15

예수님은 제자들을 예수님께 의존하게 하지 않으셨다. 그들에게 하나님의 뜻을 알게 하셨다. 하나님의 뜻을 따라 세상으로 보내셨다.

우리는 사람을 세워 하나님께로 보내야 한다. 그리스도인의 목표는 내 곁에 머무는 제자가 아니다. 세상 속으로 나아가 복음을 전하는 제자를 세우는 것이다.

**묵상 질문**

1 나는 지금 무엇에 이끌려 살고 있는가? 사람의 인정인가, 나의 욕망인가, 아니면 하나님이 주신 사명인가?

2 내 삶에 오는 고난을 '장애물'로 보고 있는가, 아니면 바울처럼 '사명을 이루기 위한 길'로 보고 있는가?

3 내가 누군가를 섬기고 사랑할 때, 그 사람을 나에게 묶어두려 하는가, 아니면 하나님께 더 가까이 가도록 돕고 있는가?

4 나는 하나님이 맡기신 일에 '순종'하고 있는가? 아니면 내 뜻과 감정이 앞서고 있는가?

# 사랑은 끝나지 않는다

사랑은 오늘로 끝나지 않는다. 사랑은 내일로 이어진다. 우리의 사랑은 결국 하나님께 닿는다. 우리가 흘린 눈물과 희생, 용서와 헌신은 결코 헛되지 않다. 하나님은 우리가 뿌린 사랑의 씨앗을 기억하시고, 반드시 열매로 갚으신다.

## 사랑에 붙들린 자

세상 사람들은 자유를 추구한다. 하지만 역설적으로 인간은 언제나 무엇인가에 붙들려 있다. 프랑스 철학자 루소(Jean-Jacques Rousseau)는 "인간은 자유롭게 태어났지만 어디서나 쇠사슬에 묶여 있다"라고 말했다. 사람들은 돈과 명예, 욕망과 불안과 인정욕구에 묶여 살아간다.

바울 역시 한때 명예와 지식의 사슬에 묶여 있었다. 그러나 예수님을 만난 후 완전히 달라졌다. 세상의 모든 것을 배설물처럼 여겼다. 예수께 붙들린 인생이 된 것이다. 억지로가 아니라 사랑으로 변화되었다. 사랑이 그를 사로잡았고, 그 사랑이 그의 방향을 바꾸었다.

내가 이미 얻었다 함도 아니요 온전히 이루었다 함도 아니라 오직 내가 그리스도 예수께 잡힌 바 된 그것을 잡으려고 달려가노라 빌 3:12

예수님에게 붙잡힌다는 것은 그분이 인도하시는 길을 따라 사는 것이다. 나의 뜻을 내려놓고, 예수님의 마음과 의지에 나를 맡기는 것이다. 세상의 붙잡힘은 우리를 무겁게 하지만, 예수님의 붙잡힘은 우리를 자유롭게 한다. 예수께 붙들린 사람만이 진정으로 자유롭다.

예수님에게 붙잡힌 사람은 그분의 사랑에 이끌려 살아간다. 더 이상 세상의 기준대로 살지 않는다. 세상이 주는 무거운 짐에서 벗어나게 된다. 예수님의 사랑이 삶의 동력이 된다.

## 영원한 나라를 위한 투자

바울이 자신의 과거를 버리고 달려갈 때 바울은 세상이 아닌 예수님을 바라보았다. 예수님을 바라본 사람은 예수께 투자한다. 자신의 삶을 세상이 아니라 예수님께 투자한다.

형제들아 나는 아직 내가 잡은 줄로 여기지 아니하고 오직 한 일 즉 뒤에 있는 것은 잊어버리고 앞에 있는 것을 잡으려고 빌 3:13

바울은 세상에 투자하지 않았다. 바울은 하나님나라에 자신의 전부를 투자했다. 시간도, 노력도, 지식도, 존재 자체도 아낌없이 쏟아부었다. 그 과정은 결코 쉽지 않았다. 그는 매를 맞고, 감옥에 갇히고, 모욕을 당했다. 그런데도 멈추지 않았다. 왜냐하면 바울은 미래의 확실한 보상을 알고 있었기 때문이다.

생각하건대 현재의 고난은 장차 우리에게 나타날 영광과 비교할 수 없도다 롬 8:18

바울이 기뻐한 것은 고난이 가벼워서가 아니었다. 그는 고난의 무게를 잘 알았다. 그러나 그보다 훨씬 큰 하늘의 영광을 더 깊이 알았다. 지금의 손해가 영원의 보상으로 돌아올 것을 믿었기에 그는 기쁨으로 달려갈 수 있었다.

## 확실한 미래에 투자하라

심리학에는 유명한 마시멜로 실험이 있다. 아이들에게 마시멜로 하나를 주고 "십 분만 기다리면 하나를 더 주겠다"라고 말했을 때, 대부분의 아이들은 기다리지 못하고 눈앞의 것을 먹었다. 인내하지 못한 것이다.

우리도 신앙 안에서 종종 비슷한 실수를 한다. 하나님이 약속하신 보상은 영원하고 확실한데 눈앞의 유혹을 참지 못해 잠시의 만족에 우리의 시간을, 마음을, 영혼을 투자한다.

한때 세상은 "YOLO"를 외쳤다. 'You Only Live Once, 한 번뿐인 인생, 지금 즐기자'는 문화였다. 사람들은 저축보다 소비를 택했고, 쾌락을 위해 미래를 포기했다. 하지만 몇 년이 지난 지금, 그때의 소비는 다 사라졌다. 그때 샀던 비싼 차는 중고가 되고 그때 자랑하던 휴대폰은 고물이 되었다. 순간의 즐거움을 위해 미래를 잃어버린 것이다.

바울은 달랐다. 그는 세상이 아니라 하나님나라에 투자했다. 그는 지금의 고난보다 다가올 영광을 바라보았다.

푯대를 향하여 그리스도 예수 안에서 하나님이 위에서 부르신 부름의 상을 위하여 달려가노라 빌 3:14

우리가 비트코인이 천 원이던 시절로 돌아갈 수 있다면, 비트

코인에 전 재산을 투자할 것이다. 왜냐하면 미래의 가치를 알기 때문이다. 미래를 안다면 주저할 이유가 없다. 천 원이 일 억이 된다는 사실을 안다면, 지금의 희생은 전혀 아깝지 않다.

바울은 바로 그 확실한 미래를 본 사람이었다. 그는 하늘의 상급을 바라보았다. 그래서 그는 포기하지 않았다. 지금의 손해와 수고가 영원한 영광으로 돌아올 것을 알았기 때문이다.

예수님도 씨 뿌리는 자의 비유에서 말씀하셨다.

더러는 좋은 땅에 떨어지매 어떤 것은 백 배, 어떤 것은 육십 배, 어떤 것은 삼십 배의 결실을 하였느니라 마 13:8

하나님나라에 대한 투자는 절대 손해가 아니다. 그것은 가장 안전한 투자이다. 가장 확실한 보상을 약속하는 투자다. 세상의 투자에는 리스크가 있지만, 사랑의 투자는 결코 헛되지 않다. 하나님은 우리가 흘린 눈물과 사랑의 수고를 잊지 않으신다.

그렇기에 나도 나의 삶을 천국에 투자한다. 짧게 갈 이 세상보다 영원히 살 천국에 투자한다. 돈과 명예는 가져 갈 수 없지만 사랑은 영원히 남는다. 내가 사랑으로 심은 씨앗은 이 땅에서 끝나는 게 아니라 영원한 나라에서 열매를 맺는다.

## 영원한 가치를 위해 사는 사람

세상에 하는 투자는 영원하지 않다. 세상의 부는 천국에 가져 갈 수 없다. 하지만 하나님나라의 투자는 영원하다. 시간이 지나도 사라지지 않는다. 하늘의 창고에 쌓인다.

지금 당신은 어디에 투자하고 있는가? 영원한 가치를 위해 살고 있는가, 아니면 덧없이 사라질 것에 투자하고 있는가?

하나님나라에 투자한다는 것은 교회에서 섬기고, 영혼을 사랑하고, 하나님께서 맡기신 사명을 감당하는 것이다. 예수님께서도 이 땅에 오셔서 섬기셨듯, 우리 역시 사랑으로 섬기는 삶을 살아야 한다.

세상의 투자에는 리스크가 있다. 그러나 하나님나라의 사랑에는 손실이 없다. 때로는 즉시 보이지 않고, 오해받고, 값비싼 대가를 치르지만 사랑은 반드시 거둔다. 씨를 뿌리면 때가 되어 싹이 나듯, 사랑의 수고는 하나님 손에서 상으로 변한다. 사랑은 영원의 이익이다. 사랑은 오늘의 헌신으로 내일을 준비하는 삶이다. 사랑은 불확실한 모험이 아니라, 확실한 결실을 향한 경주다.

우리는 미래를 안다. 예수님의 부활이 우리의 내일이다. 하나님나라가 우리의 종착지다. 그러므로 사랑은 불확실한 모험이 아니라 확실한 결실을 향한 경주다.

오늘 뿌리는 사랑의 씨앗을 하나님이 잊지 않으신다. 때가 차면, 그분은 반드시 열매로 응답하신다. 그러므로 오늘의 사랑은 영원의 열매가 된다. 사랑은 끝나지 않는다. 사랑은 영원으로 이어진다.

**묵상 질문**

**1** 나는 지금 무엇에 붙들려 살아가고 있는가? 세상의 인정인
가, 나의 욕망인가, 아니면 예수님의 사랑인가?

**2** 내 삶의 투자는 어디를 향하고 있는가? 영원한 나라를 향한
삶인가, 당장의 만족을 위한 삶인가?

**3** 바울처럼 현재의 고난을 '장차 나타날 영광'과 비교하며 바라
보고 있는가?

**4** 오늘 내가 선택하는 작은 사랑이 '영원한 보상'과 연결된다는
사실을 믿는가?

# 사랑하다 지쳤을지라도,
# 사랑은 영원하다

우리가 살아가는 세상은 사랑을 말하지만, 동시에 사랑을 잃어버린 시대다. 사람들은 인정받기 위해, 잃지 않기 위해, 상처받지 않기 위해 사랑을 소비한다. 사랑은 점점 순간적인 감정이 되고, 조건적인 거래가 되고, 때로는 상처의 흔적이 된다.

하지만 하나님이 주시는 사랑은 다르다. 그분의 사랑은 처음부터 끝까지 우리를 향했다. 우리가 흔들릴 때도, 넘어질 때도, 멀리 떠나 있을 때조차도 하나님은 우리를 사랑하셨고 앞으로도 사랑하실 것이다. 이 책은 바로 그 사랑을 다시 회복하는 여정이었다.

우리는 하나님을 사랑해야 한다. 이것은 율법이 아니라 은혜에 대한 반응이다. 우리는 우리 자신을 사랑해야 한다. 이것은 교만이 아니라 하나님이 주신 가치를 인정하는 믿음이다. 우리는 이웃을 사랑해야 한다. 이것은 선택이 아니라 하나님 사랑이 흘러가는 자연스러운 결과이다.

사랑은 단지 따뜻함이 아니다. 사랑은 방향이다. 사랑은 결정이다. 사랑은 삶의 방식이다. 그리고 사랑은 사명이다. 하나님이 우리를 붙들어주셨기에, 우리는 다른 사람을 붙드는 사람이 된다. 하나님이 우리를 용서하셨기에, 우리는 용서의 사람으로 살아간다. 하나님이 우리를 보내셨기에, 우리는 다시 누군가를 하나님께로 보내는 사람이 된다.


## 그 사랑은 결코 헛되지 않다

바울도 고난 속에서 사랑했고, 예수님도 고난 속에서 우리를 끝까지 사랑하셨다. 사랑은 때로 눈물과 인내를 요구하지만, 그 사랑은 결코 헛되지 않다. 하나님은 우리가 심은 사랑의 씨앗을 기억하시고, 반드시 열매로 돌려주신다.

우리가 오늘 드러내는 작은 사랑이라도, 그 사랑은 하늘의 창고에 쌓인다. 우리가 흘린 눈물은 하나님 앞에서 잊히지 않는다. 우리가 선택한 용서, 포기한 자존심, 건넨 격려와 위로는 모두 하나님나라의 열매가 된다. 그러므로 사랑의 삶은 오늘로 끝나지 않는다. 사랑은 내일로 이어지고, 영원으로 이어지고, 결국 하나님께 닿는다.

하나님은 당신을 그 누구보다 더 사랑하신다. 그리고 하나님은 당신의 사랑을 통해 누군가의 삶을 바꾸길 원하신다. 이 책을 덮는 이 순간, 하나님은 당신을 다시 부르신다.
"가라. 사랑하라. 내가 너를 사랑한 것처럼 너도 사랑하라."
우리는 매일 넘어진다. 사랑하다 상처받고 지쳐 쓰러지기도 한다. 그래서 매일 사랑을 다시 써야 한다. 우리를 통해 하나님의 사랑이 영원히 계속되기 때문이다.
사랑의 삶은 우리가 만들어 내는 삶이 아니라, 하나님께 붙들린 사람들이 살아가는 새로운 인생의 길이다. 당신의 삶이 그 사랑의 통로가 되기를, 당신의 걸음이 하나님의 사랑을 전하는 발걸음이 되기를, 그리고 당신을 통해 누군가의 내일이 바뀌기를 축복한다.

## 감사의 고백

이 책은 나 혼자 쓴 이야기가 아니다. 하나님의 사랑을 내 삶에 흘러보내 준 많은 사람의 이야기다.

먼저, 나를 포기하지 않으시고 끝까지 사랑해주신 하나님께 감사드린다. 내가 경험한 하나님의 사랑이 이 책의 시작이자 이유이다.

내가 흔들릴 때마다 사랑과 기도로 함께해준 아내 김은비에게 감사를 전한다. 그리고 내 삶에 사랑이 무엇인지 다시 가르쳐주고 있는 제니와 지오에게도 감사한다.

나를 사랑으로 양육해주시고 언제나 지지해주시는 아버지와 어머니 그리고 장인어른과 장모님께 깊은 감사를 드린다.

마지막으로 이 책을 읽는 여러분에게 감사드린다. 여러분이 하나님의 사랑을 다시 발견하는 데 이 책이 작은 계기가 되기를 바란다.

# 착하게 살다 지친 당신에게

| | |
|---|---|
| 초판 1쇄 발행 | 2026년 3월 24일 |
| 초판 2쇄 발행 | 2026년 3월 26일 |
| 지은이 | 안세진 |
| 펴낸이 | 여진구 |
| 책임편집 | 이영주 진효지 |
| 편집 | 최현수 구주은 안수경 김도연 김아진 배예담 |
| 책임디자인 | 조은혜 노지현 \| 마영애 정은혜 |
| 마케팅 | 김상순 강성민 |
| 제작 | 조영석 허병용 |

마케팅지원 최영배 정나영
경영지원 김혜경 김경희 김영하

303비전성경암송학교 유니게 과정
이슬비전도학교 / 303비전성경암송학교 / 303비전꿈나무장학회

펴낸곳 (주)규장갓피플

주소 06770 서울시 서초구 매헌로 16길 20(양재2동) 규장선교센터
전화 02)578-0003 팩스 02)578-7332
이메일 kyujang0691@gmail.com
페이스북 facebook.com/kyujangbook
카카오스토리 story.kakao.com/kyujangbook
등록번호 제2026-000001호
since 1978.08.14

홈페이지 www.kyujang.com
인스타그램 instagram.com/kyujang_com

ⓒ 저자와의 협약 아래 인지는 생략되었습니다.
이 출판물은 저작권법에 의해 보호를 받는 저작물이므로 무단 전재와 무단 복제를 할 수 없습니다.

책값 뒤표지에 있습니다.
ISBN 979-11-6504-699-6 03230

## 규 | 장 | 수 | 칙

1. 기도로 기획하고 기도로 제작한다.
2. 오직 그리스도의 성품을 사모하는 독자가 원하고 필요로 하는 책만을 출판한다.
3. 한 활자 한 문장에 온 정성을 쏟는다.
4. 성실과 정확을 생명으로 삼고 일한다.
5. 긍정적이며 적극적인 신앙과 신행일치에의 안내자의 사명을 다한다.
6. 충고와 조언을 항상 감사로 경청한다.
7. 지상목표는 문서선교에 있다.

하나님을 사랑하는 자 곧 그의 뜻대로 부르심을 입은 자들에게는 모든 것이 合力하여 善을 이루느니라(롬 8:28)

Member of the
Evangelical Christian
Publishers Association

규장은 문서를 통해 복음전파와 신앙교육에 주력하는 국제적 출판사들의 협의체인 복음주의출판협회(E.C.P.A:Evangelical Christian Publishers Association)의 출판정신에 동참하는 회원(Associate Member)입니다.